心一堂術數古籍珍本叢刊

書名：章仲山門內真傳《大玄空秘圖訣》《天驚訣》《飛星要訣》
《九星斷略》《得益錄》等合刊
系列：心一堂術數古籍珍本叢刊　堪輿類　無常玄空珍秘　第二輯　205
作者：【清】章仲山、冬園子等
主編、責任編輯：陳劍聰
心一堂術數古籍珍本叢刊編校小組：陳劍聰　素聞　梁松盛　鄒偉才　虛白盧主

出版：心一堂有限公司
通訊地址：香港九龍旺角彌敦道六一〇號荷李活商業中心十八樓〇五—〇六室
深港讀者服務中心：中國深圳市羅湖區立新路六號羅湖商業大廈負一層〇〇八室
電話號碼：(852)67150840
網址：publish.sunyata.cc　電郵：sunyatabook@gmail.com
網店：http://book.sunyata.cc
淘寶店地址：https://shop210782774.taobao.com
微店地址：https://weidian.com/s/1212826297
臉書：https://www.facebook.com/sunyatabook
讀者論壇：http://bbs.sunyata.cc/

版次：二零一八年三月初版
平裝

定價：港幣　二百五十八元正
新台幣　九百九十八元正

國際書號：ISBN 978-988-8317-94-3

香港發行：香港聯合書刊物流有限公司
地址：香港新界大埔汀麗路36號中華商務印刷大廈3樓
電話號碼：(852)2150-2100
傳真號碼：(852)2407-3062
電郵：info@suplogistics.com.hk

台灣發行：秀威資訊科技股份有限公司
地址：台灣台北市內湖區瑞光路七十六巷六十五號一樓
電話號碼：+886-2-2796-3638
傳真號碼：+886-2-2796-1377
網絡書店：www.bodbooks.com.tw
台灣國家書店讀者服務中心：
地址：台灣台北市中山區松江路二〇九號一樓
電話號碼：+886-2-2518-0207
傳真號碼：+886-2-2518-0778
網絡書店：http://www.govbooks.com.tw

中國大陸發行　零售：深圳心一堂文化傳播有限公司
深圳地址：深圳市羅湖區立新路六號羅湖商業大廈負一層〇〇八室
電話號碼：(86)0755-82224934

心一堂微店二維碼

心一堂淘寶店二維碼

心一堂術數古籍 珍本整理 叢刊 總序

術數定義

術數，大概可謂以「推算（推演）、預測人（個人、群體、國家等）、事、物、自然現象、時間、空間方位等規律及氣數，並或通過種種『方術』，從而達致趨吉避凶或某種特定目的」之知識體系和方法。

術數類別

我國術數的內容類別，歷代不盡相同，例如《漢書・藝文志》中載，漢代術數有六類：天文、曆譜、五行、蓍龜、雜占、形法。至清代《四庫全書》，術數類則有：數學、占候、相宅相墓、占卜、命書、相書、陰陽五行、雜技術等，其他如《後漢書・方術部》、《藝文類聚・方術部》、《太平御覽・方術部》等，對於術數的分類，皆有差異。古代多把天文、曆譜、及部分數學均歸入術數類，而民間流行亦視傳統醫學作為術數的一環；此外，有些術數與宗教中的方術亦往往難以分開。現代民間則常將各種術數歸納為五大類別：命、卜、相、醫、山，通稱「五術」。

本叢刊在《四庫全書》的分類基礎上，將術數分為九大類別：占筮、星命、相術、堪輿、選擇、三式、讖諱、理數（陰陽五行）、雜術（其他）。而未收天文、曆譜、算術、宗教方術、醫學。

術數思想與發展——從術到學，乃至合道

我國術數是由上古的占星、卜筮、形法等術發展下來的。其中卜筮之術，是歷經夏商周三代而通過「龜卜、蓍筮」得出卜（筮）辭的一種預測（吉凶成敗）術，之後歸納並結集成書，此即現傳之《易

經》。經過春秋戰國至秦漢之際，受到當時諸子百家的影響、儒家的推崇，遂有《易傳》等的出現，原本是卜筮術書的《易經》，被提升及解讀成有包涵「天地之道（理）」之學。因此，《易・繫辭傳》曰：「易與天地準，故能彌綸天地之道。」

漢代以後，易學中的陰陽學說，與五行、九宮、干支、氣運、災變、律曆、卦氣、讖緯、天人感應說等相結合，形成易學中象數系統。而其他原與《易經》本來沒有關係的術數，如占星、形法、選擇，亦漸漸以易理（象數學說）為依歸。《四庫全書・易類小序》云：「術數之興，多在秦漢以後。要其旨，不出乎陰陽五行，生尅制化。實皆《易》之支派，傳以雜說耳。」至此，術數可謂已由「術」發展成「學」。

及至宋代，術數理論與理學中的河圖洛書、太極圖、邵雍先天之學及皇極經世等學說給合，通過術數以演繹理學中「天地中有一太極，萬物中各有一太極」（《朱子語類》）的思想。術數理論不單已發展至十分成熟，而且也從其學理中衍生一些新的方法或理論，如《梅花易數》、《河洛理數》等。

在傳統上，術數功能往往不止於僅僅作為趨吉避凶的方術，及「能彌綸天地之道」的學問，亦有其「修心養性」的功能，「與道合一」（修道）的內涵。《素問・上古天真論》：「上古之人，其知道者，法於陰陽，和於術數。」數之意義，不單是外在的算數、歷數、氣數，而是與理學中同等的「道」、「理」--心性的功能，北宋理氣家邵雍對此多有發揮：「聖人之心，是亦數也」、「萬化萬事生乎心」、「心為太極」。《觀物外篇》：「先天之學，心法也。……蓋天地萬物之理，盡在其中矣，心一而不分，則能應萬物。」反過來說，宋代的術數理論，受到當時理學、佛道及宋易影響，認為心性本質上是等同天地之太極。天地萬物氣數規律，能通過內觀自心而有所感知，即是內心也已具備有術數的推演及預測、感知能力；相傳是邵雍所創之《梅花易數》，便是在這樣的背景下誕生。

《易・文言傳》已有「積善之家，必有餘慶；積不善之家，必有餘殃」之說，至漢代流行的災變說及讖緯說，我國數千年來都認為天災，異常天象（自然現象），皆與一國或一地的施政者失德有關；下至家族、個人之盛衰，也都與一族一人之德行修養有關。因此，我國術數中除了吉凶盛衰理數之外，人心的德行修養，也是趨吉避凶的一個關鍵因素。

術數與宗教、修道

在這種思想之下，我國術數不單只是附屬於巫術或宗教行為的方術，又往往是一種宗教的修煉手段--通過術數，以知陰陽，乃至合陰陽（道）。「其知道者，法於陰陽，和於術數。」例如，「奇門遁甲」術中，即分為「術奇門」與「法奇門」兩大類。「法奇門」中有大量道教中符籙、手印、存想、內煉的內容，是道教內丹外法的一種重要外法修煉體系。甚至在雷法一系的修煉上，亦大量應用了術數內容。此外，相術、堪輿術中也有修煉望氣（氣的形狀、顏色）的方法；堪輿家除了選擇陰陽宅之吉凶外，也有道教中選擇適合修道環境（法、財、侶、地中的地）的方法，以至通過堪輿術觀察天地山川陰陽之氣，亦成為領悟陰陽金丹大道的一途。

易學體系以外的術數與的少數民族的術數

我國術數中，也有不用或不全用易理作為其理論依據的，如揚雄的《太玄》、司馬光的《潛虛》。也有一些占卜法、雜術不屬於《易經》系統，不過對後世影響較少而已。

外來宗教及少數民族中也有不少雖受漢文化影響（如陰陽、五行、二十八宿等學說。）但仍自成系統的術數，如古代的西夏、突厥、吐魯番等占卜及星占術，藏族中有多種藏傳佛教占卜術、苯教占卜術、擇吉術、推命術、相術等；北方少數民族有薩滿教占卜術；不少少數民族如水族、白族、布朗族、佤族、彝族、苗族等，皆有占雞（卦）草卜、雞蛋卜等術，納西族的占星術、占卜術，彝族畢摩的推命術、占卜術……等等，都是屬於《易經》體系以外的術數。相對上，外國傳入的術數以及其理論，對我國術數影響更大。

曆法、推步術與外來術數的影響

我國的術數與曆法的關係非常緊密。早期的術數中，很多是利用星宿或星宿組合的位置（如某星在某州或某宮某度）付予某種吉凶意義，并據之以推演，例如歲星（木星）、月將（某月太陽所躔之宮次）等。不過，由於不同的古代曆法推步的誤差及歲差的問題，若干年後，其術數所用之星辰的位置，已與真實星辰的位置不一樣了；此如歲星（木星），早期的曆法及術數以十二年為一周期（以應地支），與木星真實周期十一點八六年，每幾十年便錯一宮。後來術家又設一「太歲」的假想星體來解決，是歲星運行的相反，週期亦剛好是十二年。而術數中的神煞，很多即是根據太歲的位置而定。又如六壬術中的「月將」，原是立春節氣後太陽躔娵訾之次而稱作「登明亥將」，至宋代，因歲差的關係，要到雨水節氣後太陽才躔娵訾之次，當時沈括提出了修正，但明清時六壬術中「月將」仍然沿用宋代沈括修正的起法沒有再修正。

由於以真實星象周期的推步術是非常繁複，而且古代星象推步術本身亦有不少誤差，大多數術數除依曆書保留了太陽（節氣）、太陰（月相）的簡單宮次計算外，漸漸形成根據干支、日月等的各自起例，以起出其他具有不同含義的眾多假想星象及神煞系統。唐宋以後，我國絕大部分術數都主要沿用這一系統，也出現了不少完全脫離真實星象的術數，如《子平術》、《紫微斗數》、《鐵版神數》等。後來就連一些利用真實星辰位置的術數，如《七政四餘術》及選擇法中的《天星選擇》，也已與假想星象及神煞混合而使用了。

隨着古代外國曆（推步）、術數的傳入，如唐代傳入的印度曆法及術數，元代傳入的回回曆等，其中我國占星術便吸收了印度占星術中羅睺星、計都星等而形成四餘星，又通過阿拉伯占星術而吸收了其中來自希臘、巴比倫占星術的黃道十二宮、四大（四元素）學說（地、水、火、風），並與我國傳統的二十八宿、五行說、神煞系統並存而形成《七政四餘術》。此外，一些術數中的北斗星名，不用我國傳統的星名：天樞、天璇、天璣、天權、玉衡、開陽、搖光，而是使用來自印度梵文所譯的：貪狼、巨門、祿存、文曲，廉貞、武曲、破軍等，此明顯是受到唐代從印度傳入的曆法及占星術所影響。如星命術中的《紫微斗數》及堪輿術中的《撼龍經》等文獻中，其星皆用印度譯名。及至清初《時憲曆》，置閏之法則改用西法「定氣」。清代以後的術數，又作過不少的調整。

此外，我國相術中的面相術、手相術，唐宋之際受印度相術影響頗大，至民國初年，又通過翻譯歐西、日本的相術書籍而大量吸收歐西相術的內容，形成了現代我國坊間流行的新式相術。

陰陽學——術數在古代、官方管理及外國的影響

術數在古代社會中一直扮演着一個非常重要的角色，影響層面不單只是某一階層、某一職業、某一年齡的人，而是上自帝王，下至普通百姓，從出生到死亡，不論是生活上的小事如洗髮、出行等，大事如建房、入伙、出兵等，從個人、家族以至國家，從天文、氣象、地理到人事、軍事，從民俗、學術到宗教，都離不開術數的應用。我國最晚在唐代開始，已把以上術數之學，稱作陰陽（學），行術數者稱陰陽人。（敦煌文書、斯四三二七唐《師師漫語話》：「以下說陰陽人謾語話」，此說法後來傳入日本，今日本人稱行術數者為「陰陽師」）。一直到了清末，欽天監中負責陰陽術數的官員中，以及民間術數之士，仍名陰陽生。

古代政府的中欽天監（司天監），除了負責天文、曆法、輿地之外，亦精通其他如星占、選擇、堪輿等術數，除在皇室人員及朝庭中應用外，也定期頒行日書、修定術數，使民間對於天文、日曆用事吉凶及使用其他術數時，有所依從。

我國古代政府對官方及民間陰陽學及陰陽官員，從其內容、人員的選拔、培訓、認證、考核、律法監管等，都有制度。至明清兩代，其制度更為完善、嚴格。

宋代官學之中，課程中已有陰陽學及其考試的內容。（宋徽宗崇寧三年〔一一零四年〕崇寧算學令：「諸學生習……並曆算、三式、天文書。」「諸試……三式即射覆及預占三日陰陽風雨。天文即預

定一月或一季分野災祥，並以依經備草合問為通。」

金代司天臺，從民間「草澤人」（即民間習術數人士）考試選拔：「其試之制，以《宣明曆》試推步，及《婚書》、《地理新書》試合婚、安葬，並《易》筮法，六壬課、三命、五星之術。」（《金史》卷五十一・志第三十二・選舉一）

元代為進一步加強官方陰陽學對民間的影響、管理、控制及培育，除沿襲宋代、金代在司天監掌管陰陽學及中央的官學陰陽學課程之外，更在地方上增設陰陽學課程（《元史・選舉志一》：「世祖至元二十八年夏六月始置諸路陰陽學。」）地方上也設陰陽學教授員，培育及管轄地方陰陽人。（《元史・選舉志一》：「（元仁宗）延祐初，令陰陽人依儒醫例，於路、府、州設教授員，凡陰陽人皆管轄之，而上屬於太史焉。」）自此，民間的陰陽術士（陰陽人），被納入官方的管轄之下。

至明清兩代，陰陽學制度更為完善。中央欽天監掌管陰陽學，明代地方縣設陰陽學正術，各州設陰陽學典術，各縣設陰陽學訓術。陰陽人從地方陰陽學肄業或被選拔出來後，再送到欽天監考試。（《大明會典》卷二二三：「凡天下府州縣舉到陰陽人堪任正術等官者，俱從吏部送（欽天監），考中，送回選用；不中者發回原籍為民，原保官吏治罪。」）清代大致沿用明制，凡陰陽術數之流，悉歸中央欽天監及地方陰陽官員管理、培訓、認證。至今尚有「紹興府陰陽印」、「東光縣陰陽學記」等明代銅印，及某某縣某某之清代陰陽執照等傳世。

清代欽天監漏刻科對官員要求甚為嚴格。《大清會典》「國子監」規定：「凡算學之教，設肄業生。滿洲十有二人，蒙古、漢軍各六人，於各旗官學內考取。漢十有二人，於舉人、貢監生童內考取。附學生二十四人，由欽天監選送。教以天文演算法諸書，五年學業有成，舉人引見以欽天監博士用，貢監生童以天文生補用。」學生在官學肄業、貢監生肄業或考得舉人後，經過了五年對天文、算法、陰陽學的學習，其中精通陰陽術數者，會送往漏刻科。而在欽天監供職的官員，《大清會典則例》「欽天監」規定：「本監官生三年考核一次，術業精通者，保題升用。不及者，停其升轉，再加學習。如能黽勉供職，即予開復。仍不及者，降職一等，再令學習三年，能習熟者，准予開復，仍不能者，黜退。」除定期考核以定其升用降職外，《大清律例》中對陰陽術士不準確的推斷（妄言禍福）是要治罪的。《大清律例・一七八・術七・妄言禍福》：「凡陰陽術士，不許於大小文武官員之家妄言禍福，違者杖一百。其依經推算星命卜課，不在禁限。」大小文武官員延請的陰陽術士，自然是以欽天監漏刻科官員或地方陰陽官員為主。

官方陰陽學制度也影響鄰國如朝鮮、日本、越南等地，一直到了民國時期，鄰國仍然沿用着我國的多種術數。而我國的漢族術數，在古代甚至影響遍及西夏、突厥、吐蕃、阿拉伯、印度、東南亞諸國。

術數研究

術數在我國古代社會雖然影響深遠，「是傳統中國理念中的一門科學，從傳統的陰陽、五行、九宮、八卦、河圖、洛書等觀念作大自然的研究。……傳統中國的天文學、數學、煉丹術等，要到上世紀中葉始受世界學者肯定。可是，術數還未受到應得的注意。術數在傳統中國科技史、思想史，文化史、社會史，甚至軍事史都有一定的影響。……更進一步了解術數，我們將更能了解中國歷史的全貌。」（何丙郁《術數、天文與醫學中國科技史的新視野》，香港城市大學中國文化中心。）

可是術數至今一直不受正統學界所重視，加上術家藏秘自珍，又揚言天機不可洩漏，「（術數）乃吾國科學與哲學融貫而成一種學說，數千年來傳衍嬗變，或隱或現，全賴一二有心人為之繼續維繫，賴以不絕，其中確有學術上研究之價值，非徒癡人說夢，荒誕不經之謂也。其所以至今不能在科學中成立一種地位者，實有數因。蓋古代士大夫階級目醫卜星相為九流之學，多恥道之；而發明諸大師又故為惝恍迷離之辭，以待後人探索；間有一二賢者有所發明，亦秘莫如深，既恐洩天地之秘，復恐譏為旁門左道，始終不肯公開研究，成立一有系統說明之書籍，貽之後世。故居今日而欲研究此種學術，實一極困難之事。」（民國徐樂吾《子平真詮評註》，方重審序）

現存的術數古籍，除極少數是唐、宋、元的版本外，絕大多數是明、清兩代的版本。其內容也主要是明、清兩代流行的術數，唐宋或以前的術數及其書籍，大部分均已失傳，只能從史料記載、出土文獻、敦煌遺書中稍窺一鱗半爪。

術數版本

坊間術數古籍版本，大多是晚清書坊之翻刻本及民國書賈之重排本，其中豕亥魚魯，或任意增刪，往往文意全非，以至不能卒讀。現今不論是術數愛好者，還是民俗、史學、社會、文化、版本等學術研究者，要想得一常見術數書籍的善本、原版，已經非常困難，更遑論如稿本、鈔本、孤本等珍稀版本。在文獻不足及缺乏善本的情況下，要想對術數的源流、理法、及其影響，作全面深入的研究，幾不可能。

有見及此，本叢刊編校小組經多年努力及多方協助，在海內外搜羅了二十世紀六十年代以前漢文為主的術數類善本、珍本、鈔本、孤本、稿本、批校本等數百種，精選出其中最佳版本，分別輯入兩個系列：

一、心一堂術數古籍珍本叢刊

二、心一堂術數古籍整理叢刊

前者以最新數碼（數位）技術清理、修復珍本原本的版面，更正明顯的錯訛，部分善本更以原色彩色精印，務求更勝原本。并以每百多種珍本、一百二十冊為一輯，分輯出版，以饗讀者。

後者延請、稿約有關專家、學者，以善本、珍本等作底本，參以其他版本，古籍進行審定、校勘、注釋，務求打造一最善版本，方便現代人閱讀、理解、研究等之用。

限於編校小組的水平，版本選擇及考證、文字修正、提要內容等方面，恐有疏漏及舛誤之處，懇請方家不吝指正。

心一堂術數古籍 珍本 整理 叢刊編校小組

二零零九年七月序

二零一四年九月第三次修訂

先天八卦

元空正運章

先天八卦立生成之體後天八卦中對待之用往來顯卦爻之奇耦消長見陰陽之盈縮乾老陽而尊天上沛風澤之施坤老陰而卑地下作雷山之附離東日門坎水月戶山水去來依方而察雌雄乘合特此可知故乾兌必須坤艮方名得配則震離見乎巽坎始是正交不出卦故已清純再合符星尤羨垣局一路分明兩片拈取其若到半路而他往何必求之有當面之反流不足觀矣老陰而歸少陽少陰而輔老元或陰向陰而陽向陽耶堪入眼或縱入橫而橫入縱不用勞心察其自何而來從何而轉愛其此抱之順彼抱之逆無欺壓冲射

盡為主者。用神尋得偶之正。舍失配之斜。氣取清而不取濁。形貴秀而不貴頑。局勢聚精多壯。支芽從老剝生。龍降虎伏於左右。案橫環拱若雲雷。朝峰取其對面。點穴觀其口。開向水源流屈曲有情。水環砂繞却是陰以求陽。直脈對穴。方為雄去配雌。金龍動於八面之山。水路流於念四之位。原不止於四金四庫之說也。若夫平洋以水為龍。格要不出一卦。認朱雀之生旺。喜其反之不竭而顧我。貴座下之低空。取其朝迎漸高而向滿。山龍以九星認其兼帶。平地要眼眠倒旁看動氣。切不可以張之五星。廖之九星。牽強混八也。却要大取小。小取大。廣狹輕重。正變斜。斜變正。聚散緩急。不可以喝形為法。必先去認脈格龍。龍脈須察其陰陽。山水則施其顛倒。如陽在水而陰在山。名為一局之起。順使陰在水而陽在山。喚作一局之起。逆此之一山兩用。正為四十八局。非妄指一山。西就東就。認為雙雙起也。若認穴惟以窩鉗乳突。蝦鬚彎抱。求之前後左右。定之莫擬淺深。只要迎龍。休云上下。惟求受氣。觀水廣狹。指其遠近。妙取十字。莫差分毫。認官鬼於前後。辨花假之情形。倘用偽造之倒杖。辨吉凶之當元。合葬氣傷龍穴。昭穆殃及子孫。人子最宜須知。此地師莫浪依。唯第其五向之要。全訣於三般卦。挨加之用。須要明其倒排。方有雌雄相配。故天之兼用於人者。因天廣大。包容之故。而其中有陰配陽陽配陰之妙也。即地之不可兼天亦人之不可兼地也。緣地狹窄其陰陽獨自配合之故耳。更有一家、十四一家十個。六合六神。進神。退神。內神六吉。即是六順外神六凶。又指六合。亞刼吊煞星符呵叱父母各尋顛倒順逆。自具陰陽。趨吉避凶。九星之奧坐穴求卦。有貴祿之逆。淨陰淨陽要在八尺。挨左挨右權賴一絲。當元者富貴兩全。失元者災害並至。總以此為立向消水之秘收山出煞之訣。至其三合五行。雙山八煞盡將抛去長生十二。黃泉四個。一概刪除。緣長生三合乃子平之用。豈可混將以立向。即黃泉八煞亦不能以為靈。依陽宅亦妄更不可假之以言地。嗟乎人之不欲。惟我所喜。

我道是合人卻云冲若會時凶能變吉不知者吉轉遭凶個中些子秘密只要口吃貪勢首指山川並非大小玄空神機雖藏於列宿古盤以定子午楊盤以立山向穿山坐穴透地格龍兼惟三二莫至七八無如自今虛危之針路猶是唐虞躔次當年東方之七宿半自為北地星辰歲經三千八百星移六十兩宮今則箕二於子正陽如生參十五午中陰漸長天皇在室居酉未辛初太微坐翼卻移震入邪天市子癸之間南極已丙之地皆少微移未坤天輔入辛戌四生之地皆今宿之宮四庫之中有帝星之臨是天運已有差移其星垣六改宮度而近今執此以相地安能取驗運用豈可靈通蓋吉

參

凶興替之旨悉由樞斗之權而升坐降煞之機盡倚太陽之轉一十十節之陽氣莖首取用二十四龍之乘配法更玄靈占衰旺以三元之運仍洛水之書認吉凶取九宮生煞兼後天之位至於造命尤關於莖莫學子平八字要依果老星宗二至爲極兩分是柔當極各有取用遇平自尋其輔要愚用之當天喜仇难之入地諸格盡假殿廟亦訛縱逢晦朔皆爲福若遇薄蝕要舍旃至若陽基不似基气之凝結但貴宅象之粗雄一地二門三衢四橋獨尊三元徽忝九曜倚一水則格眞辨九龍而立局只緣行地上惟賴門之一啟而收入却以九宮興廢只要戶立當旺以救衰放水用東西之兩卦先察

其坐向以施張。導寸气逆受入於閨榻。更喜房門之得地。嶠壓旺而能興。風入凶而發禍。和樂宮無價之秘。寶當因位灯化以成灰。游年無準。翻卦虛擲。莫以九星層進。而論高低。休擬五行間架以為禍福。聊人數語。無非楊公之秘。句句真機。盡洩諸經之旨。只為傳經刪改。又將卦訣皆失。莫怪俚句參差。却是玄空奧妙。持此以警庸師諒無不可。存之以待後之學者。必由是而學焉。誰曰非宜。

此經從青囊。天玉寶照與語中。發出句句真機。字字是訣。讀者宜細心玩味。幸毋忽諸。范半江識。

平洋點睛

古來妙訣自通神。恐洩天機不肯陳。我得仙人親傳授
救人寡孤救人貧。下地先須觀太極。太極既立兩儀分。
四象八卦從此定。三爻變動可詳推。變來出卦陰陽錯。
不久兒孫禍轉攜。元辰滴水為真蒂。要將局氣深相配。
徒與山家為有情。竟如冰炭全無據。元辰山局兩相合。
但與山龍有錯雜。得時則吉失時凶。驗之舊墳響何捷。
水龍山向兩相交。却與元辰相混淆。總然得令非為吉。
孤寡即當嘆寂寥。元辰山向水龍行。一氣相親定顯榮。
嗣續流傳千百世。縱然衰運也興隆。三百元辰五個吉。
夫婦天然相配合。九個子孫兄與弟。互相投合多成貴。
十個元辰災禍生。移龍換骨始為精。內極既立觀外朝。

外朝皆吉福滔滔。水滿周流不出卦。兒孫金榜姓名標。
水城寬抱也難裁。吉凶無憑轉見衰。惟我但求血脈路。
五星三吉盡收來。龍神局氣不相符。休道其中學問粗。
只此兩般真妙理。得時失令有榮枯。先天運用本我心。
始信當年向外尋。一榻白雲在深處。何愁世上少知音。

艮 第一星貪 樞

離 第四星文 權

坎 第七星破 搖光

第八星輔 主戈

其性跕躚

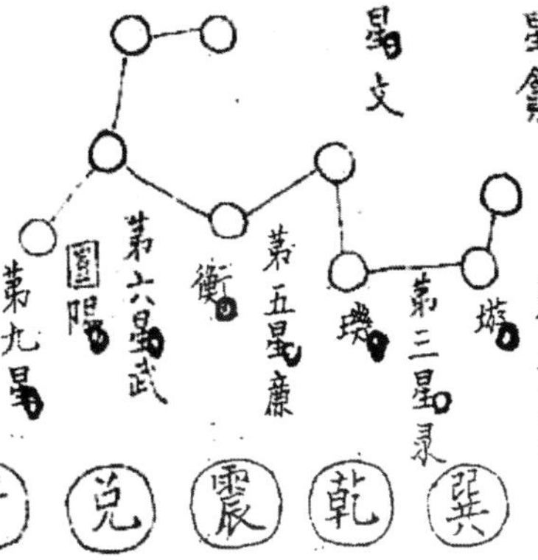

星之所臨。氣之所鍾。上感下應。化机周流。萬有調和二儀。

山用順而水用逆。蔣註巳明水用逆。而星仍用順。蔣註未載。此青囊之秘訣。即青囊之捷法也。

上元。山用一二三順。水用九八七逆。而成十也。九八七之中有一二三之星。故云星仍用順。

一運 丑未　二運 辰戌　三運 壬丙 丑未 庚甲

四運 丙壬 乙辛　五運 庚甲　六運 未丑

七運 乾巽 庚甲　八運 壬丙 辰戌　九運 丙壬 艮坤 庚甲

此皆山向之星交戰。主傷丁敗財。

陸

假如下元甲子甲戌二十年造午向以七入中宮挨至午是二乃午字變坤字了再將午上二入中順挨三在乾此方有龍為得令四在兌此處有水為不得令以四亦龍位也五在艮此處分作五十看六在離七在坎此處有水大如何也合四吉水也〇如作酉向以七入中挨至兌是九再將九字入中為陰逆挨飛出八在乾七在兌其乾方謂之伏吟方何也兩次數至其處總是八也此方在得時得令反能發福一過時令勃然有禍且死於非命如此艮卦犯之傷男其餘倣此

第壹皇極圖陽盤

天數五為陽。滿盤都是順。走毋論東西南北。四正四隅無一不歸五也。三元九運。顛之倒之。摠不離於五字。旁所謂數往者順也。

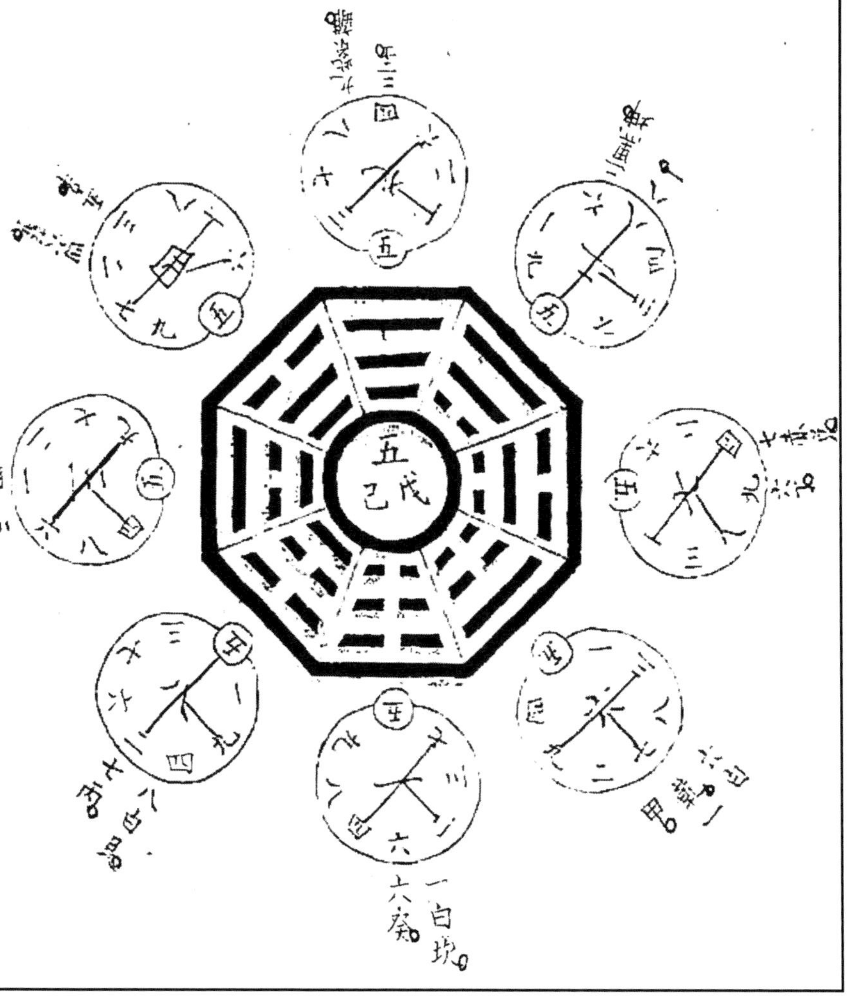

第貳皇極圖陰盤

地數五為陰滿盤齊送。一家骨肉總歸其主。所謂倒排父母陰龍位。子息茫君推是也。

如人之父母母望東。子亦望東。母望西子亦望西。若一反背。兄弟妻子離散。則家道式微矣。

右九星。先後天合排。

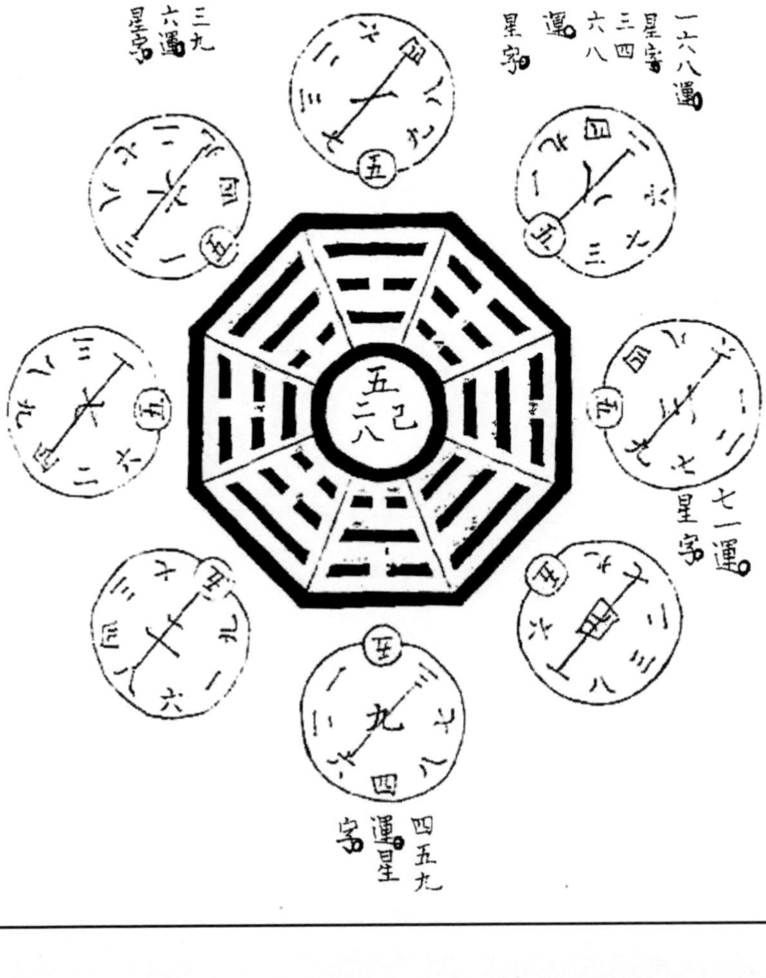

邵子天根月窟方圖穿出先天河洛理數陰陽交會之圖

本圖第一層。天地定位否泰反類。第二層山澤通氣。損益見還。第三層既濟未濟水火相射。第四層風雷相薄恒益起意。此皆先天之數。地缺東南。補東南一曲尺。先天無九。加一層已屬後天三元九運。奇通以五居中。兩兩合來。莫能河洛十五數。可見矣。

邵子方圖化出九運天星全圖

說卦傳曰。天地定位。山澤通氣。雷風相薄。水火不相射。八卦相錯。數往者順。知來者逆。冬園子悟先天無九。所謂九字合玄空。因地缺東南。故此補東南一曲尺。合先天九數。配出後天九曜星辰。雌雄交會。所以畫出紅線為陽。黑線為陰。一順一逆。可通後天三元九運全局。

黑綠分出位知氣云行○紅綠則運之卦氣所由分○

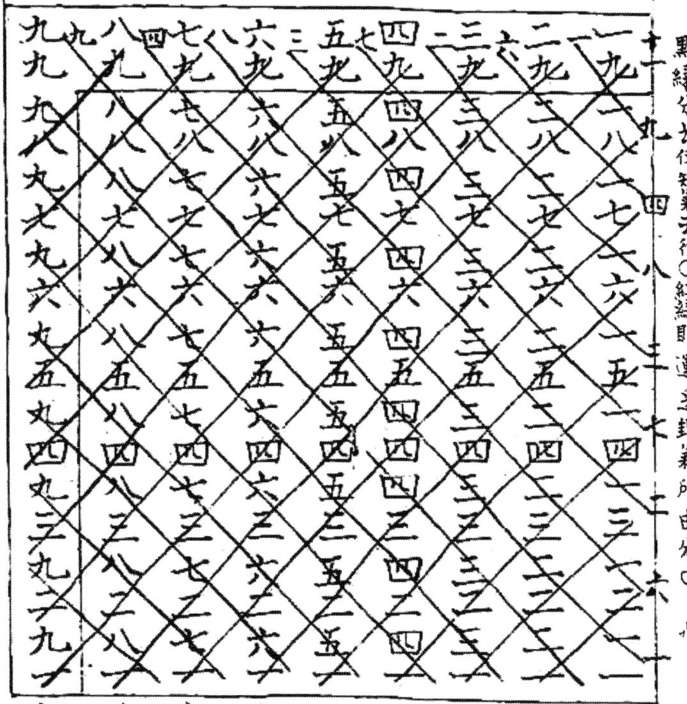

此更化而為順逆挨排兩總圖。法悉本此陰陽的真。算法可見。

此圖以氣分此破邵子易序方圖地缺東南添東南九字一曲尺變四隅爲四正爲四隅說出三元九運天星全盤

定陰陽順逆

大玄空三元九運全轉河洛根諦配出夫婦雌雄交會之圖

紅黑線陰陽順逆真神路方見真面目

一	二	三	四	五	六	七	八	九
奇耦	順逆	奇耦	順下逆下	奇順耦逆	奇陰陽耦陽陰	陽位陰順行 陰位陽逆行	奇耦	順下逆下

說卦傳曰帝出乎震齊乎巽相見乎離致役乎坤說言乎兌戰乎乾勞乎坎成言乎艮

此圖統三元九運左右上下悉合河洛數千變萬化莫非自十五數來

冬園子曰此乃河洛之數配出夫婦雌雄交會之道後天無五五字合玄空編成二十四山向一顛一倒紅線爲陽黑線爲陰畫界分明縱橫顛倒毫無紊悞學者悞之

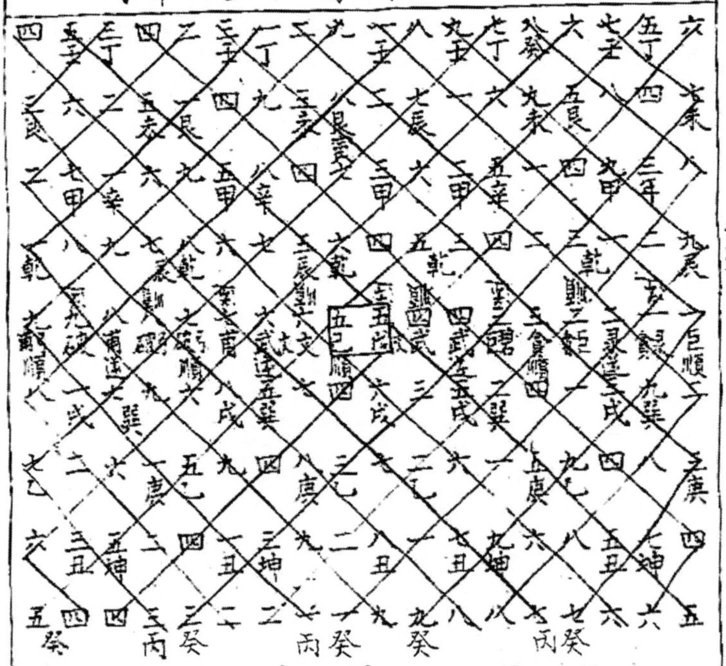

一 二 三 四 五 六 七 八 九

奇陽順行奇順以順而得逆是順中有逆而皆順亦通殊途同歸其理通耦陰逆行耦陽陽逆而得順又逆中自順皆逆亦通

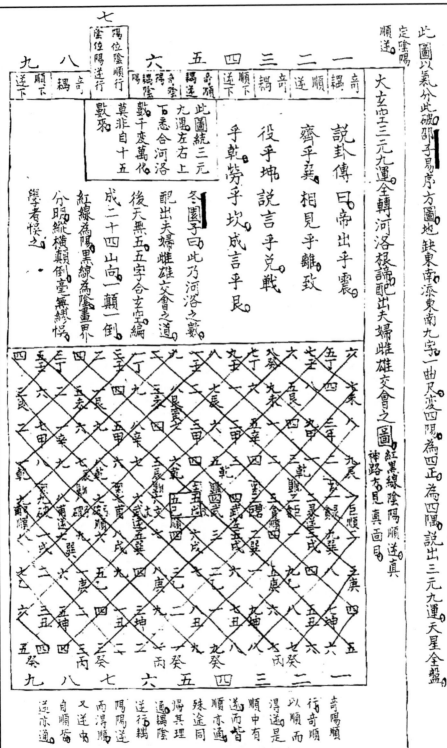

直指三元九運星辰打結圖

東西揔。亦可云西東揔。

南北揔。壬丙二壬 癸丁二癸。關九運。四揔圖。俱倣此。

五運。乙辛 庚甲。圖中數字。未定方位。俱可陰可陽。如中宮七三字。七在西。三在東。未定方位陰陽。上玄空。未定坐山朝向。未準何西何東也。

九運橫圖

此九運三元揔。時術誤。蔣氏說。占陽之說。但以為五運。壬丙丙壬則誤矣。

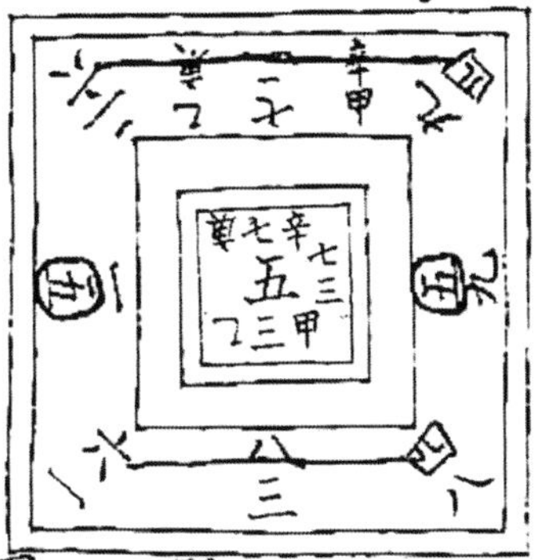

九運豎圖

按九星。以定九州分野。故以九字玄空。如除其法。已寓其中。通其秘五字之陰陽可見。

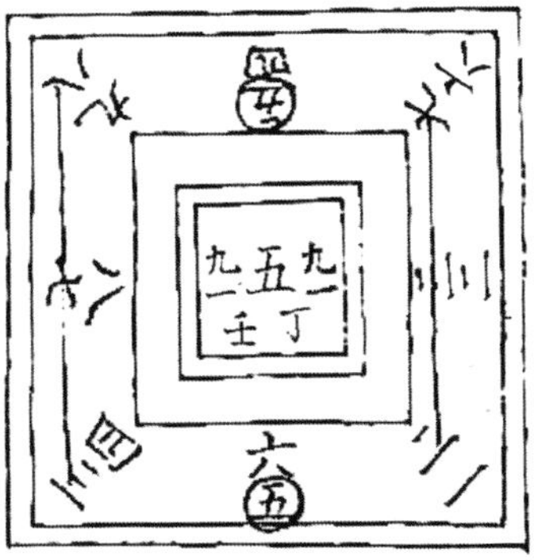

此四圖。穿出河洛根底。三元九運。運運可通。分出南北東西。寄偶相配。雌雄交媾綜橫顛倒。

冬園子曰。以五字分陰陽。而定其氣。以按方位。氣有一定。陰陽自能來變。中明其變。如其不變。每一字析兩用。方悞其秘。〇三元九運成數。已盡于此。以之入中宮。定不出乎此四圖。橫通各用。故此用順行。実亦不同。如一順一逆。則能是五運山向。

玏

天執在此一句。一四七。二五八。三六九。四七一。五八二。六九三。七一四。八二五。九三六。

一	二	三
四	五	六
七	八	九

顛顛倒倒可推

巽乾搖。亦可云辰戌搖。

九運左斜圖

此四圖。即前人有謂。一四七天機秘密不可說。之義矣。

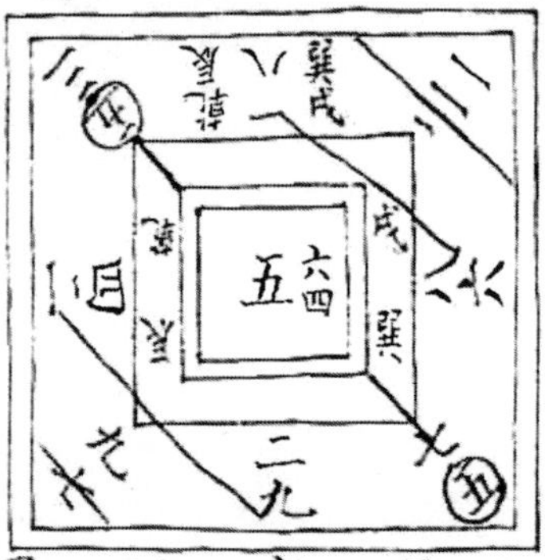

九運右斜圖

坤艮搖。亦可云丑未搖。

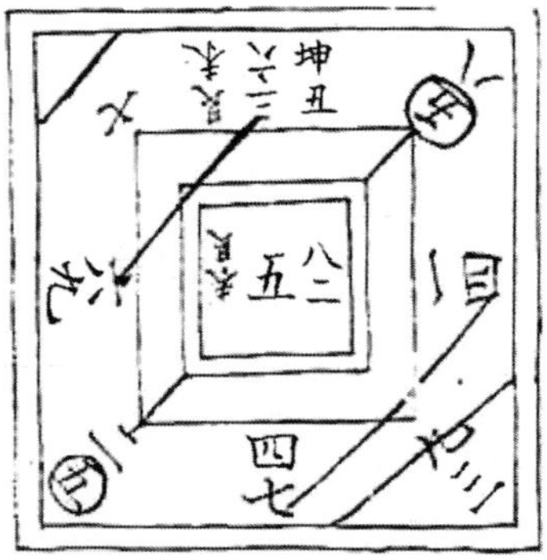

須礼中宮五運。南九運。北一運。東三運。西七運。西北六。東北八。東南四。西南二。四搖圖。四仍按洛書。

得此四圖。謎而不悟。循忝九曜。寗下十年。未能得竅。幸喜冬園子先生所傳。指點甚明。却是前人有謂。一四七之謎。糊得此一訣。恐久而差。故筆於書。

天驚訣

九宮八卦貴乘時能辨天心穴易知當日景純傳妙訣陰陽顛破萬般奇天根月窟真消息倒地翻天如變棋强把山川來縛伍其人不曉此中詞　玄空大卦更玄玄石破天驚不易傳天卦在中真至寶陰陽兩路逐元運九宮變起雌雄異要合天心造化机江左凡師多錯觧干支位上細猜疑　立極中行各主張五六七八任飛揚排來向上分顛倒調佈中宮妙異常旺殺死生天卦辨陰陽順逆細推詳五行不在干支上隨得天心各換方

名非有定星隨氣變山用順而水用逆而星仍用順在

合

山山上起在水水中輪地盤摠順法將所葬之年何運入中順飛到向上。得何星卦即將此星卦入中飛去陽順陰逆是為天盤如地盤上飛五黃到宮後天無五故為虛位為之玄空將先天天數五為陽順排地數五為陰倒排自然分出陰陽順逆如五到坎宮壬為陽屬戊為順佈子癸為陰屬己要倒排。楊公云倒排父母養真龍夫婦達天聰是也假使當令乘時伏吟反吟俱不忌如一白運中丙山壬向順佈為伏吟或子山午向癸山丁向逆佈為反吟更有六運中巽向為順佈即伏吟辰向為逆佈即反吟

一運

丙山壬向

四	九	二
三	五	七
八	一	六

順佈為伏吟

癸山丁向

六	一	八
七	五	三
二	九	四

逆佈為反吟大凶。宮逆本宮星辰為伏吟星就宮為反吟乘時吉背時凶

掌上飛宮訣

中黄二十年辰戌丑未寄在乾坤艮巽丙上中十年旺丑戌下中十年旺辰未又遇丑戌年有水旺上中二十年凶或遇辰未年中下即旺六句運有坎水為催宮水有離峰力加十倍（此句有悞九運六而長房有血瘋何得離峰力加十倍）下元九紫運有巽水在九紫運內為四九為友又有乾峰力加十倍無峰少为八宮有水無峰為無氣此處有一乾字則有財無丁矣此即不郄

歌曰

陰陽順逆妙難窮
吉凶過半在飛宮
若能了達陰陽理
天地都來一掌中

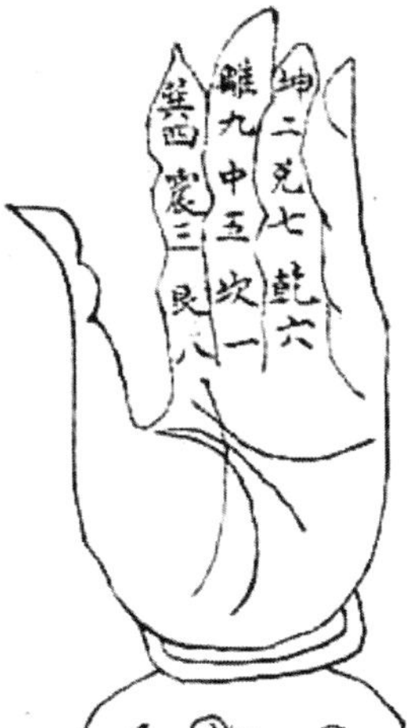

中宮飛出乾
郄與兑相連
艮離尋坎倍
坤震巽同安

從坎向坤為順
從坎向離為逆

排山 六七八九
掌訣 四三二一

須識排山掌 陰陽順逆行
坎坤由去順 九八逆行程

陽五為順 一子 二癸 三甲 四辰 五戊 六戌 七庚 八丑 九丙

陰五為逆 九 八 七 六 五 四 三 二 一

陰陽消長之圖

陽消陰息。陰消陽息。不消不息。惟消乃息。

陽盡陰生。陰盡陽生。不盡不生。惟盡乃生。

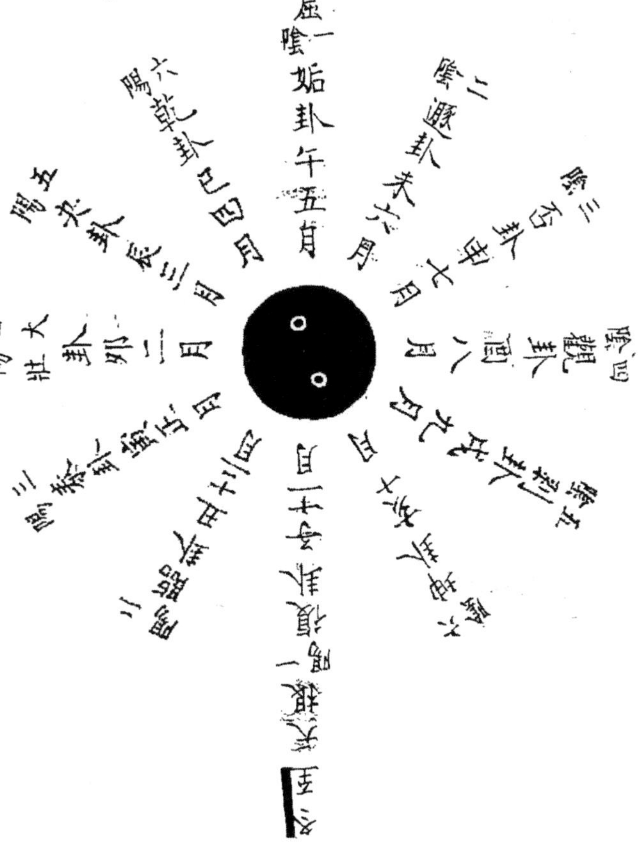

暗藏八煞

坎龍。坤兔。震山猴。巽雞。乾馬。兌蛇頭。艮虎。離豬。為煞曜。犯之墓宅一齊休。

如坎宅坎山遇辰水。辰擻了叉路。破屋等類。即然不可犯之。

邵子詩曰。

耳目聰明男子身。洪鈞賦予不為貧。須探月窟方知物。未躡天根豈識人。乾遇巽時觀月窟。坤逢雷處見天根。天根月窟閒來往。三十六宮都是春。

天心正運圖

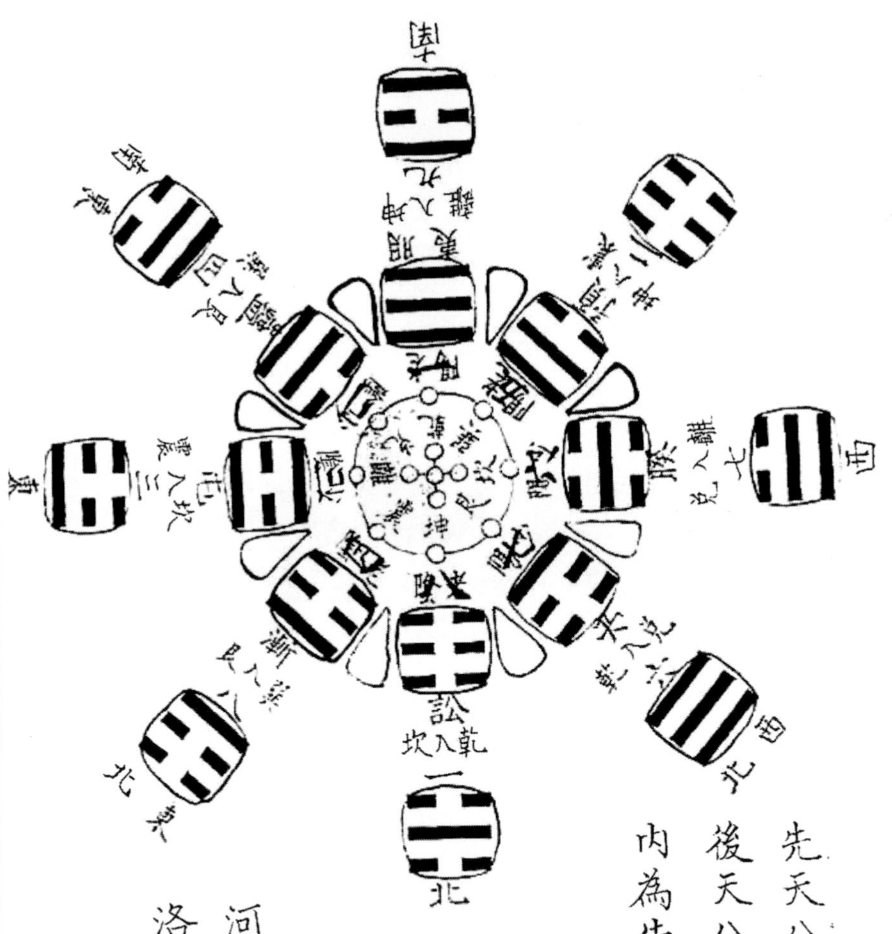

先天八卦查氣用。於穴中。
後天八卦看形用。於外象。
內為先天。外為後天。

河圖辨陰陽之交媾。
洛書察甲運之盛衰。

伏羲八卦次序陰圖

太陽生一奇曰乾生一偶曰兌
少陰生一奇曰離生一偶曰震
少陽生一奇曰巽生一偶曰坎
太陰生一奇曰艮生一偶曰坤

一乾 ☰ 九日
二兌 ☱ 一月
三離 ☲ 二星
四震 ☳ 八辰
五巽 ☴ 七石
六坎 ☵ 三七
七艮 ☶ 四火
八坤 ☷ 六水

以河圖言之五得一而為六五得二而為七五得三而為八五得四而為九

五中

以洛書言之則九者十分一之餘八者十分二之餘七者十分三之餘六者十分四之餘四象之上各分一奇一偶四為三畫者八分是三才俱八卦成

⚌ ⚍ ⚎ ⚏

四象

四象之位太陽一太陽一九陽少陰二少陽三太陰四少陰二八柔

四象之數太陽九太陰四六陰少陽八少陰七太陽六少陽三七剛

⚊ ⚋

兩儀

兩儀之數陽一陰二在河圖洛書則奇偶是也

一陽 天一三五七九為奇屬陽

一陰 地二四六八十為偶屬陰

兩儀之上各生一奇二偶而為二畫者四是為四象

以太極

朱子曰太極者象數未形而其理已具之稱形器已具而其理无朕之目在河圖洛書皆虛中之象也太極之判如生一奇一偶二為一畫者二是為兩儀

太極動而生陽靜而生陰一動一靜五為其根分陰分陽兩儀立焉

合參

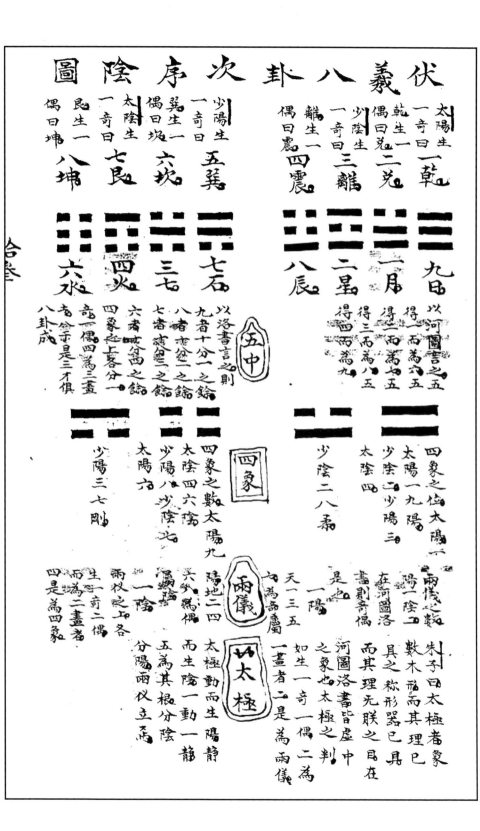

文王八卦次序圖

乾道成男

乾父

乾純陽至健天象也萬物資始有父道焉

☰ 艮坎震

☳ 震長男　震一索得男故為長男　得乾初爻 ☳

☵ 坎中男　坎再索得男故為中男　得乾中爻 ☵

☶ 艮少男　艮三索得男故為少男　得乾上爻 ☶

男本坤体各得乾陽而成此陽根於陰乃歸之於坤也

坤道成女

坤母

坤純陰至順地象也萬物資生有母道

☷ 兌離巽

☴ 巽長女　巽一索得女故謂長女　得坤初爻 ☴

☲ 離中女　離再索得女故謂中女　得坤中爻 ☲

☱ 兌少女　兌三索得女故謂少女　得坤上爻 ☱

女本乾体各得坤陰而成此陰根於陽乃歸之於乾也

蔣盤陽順陰逆挨星之圖

天玉青囊知者希。世人愚處法全違。
陰陽兩片分開錯。山水二辰金合非。
正運天心皆妙理。元空卦象乃神机。
九星挨轉如何用。奧語篇中有訣依。

一個四維經講未精。諸家註解又何據。不知衰旺死生義。妄指陰陽左右行。江界東西分一二。卦推父母認零正。三元不出方合法。貪照揚公說最明。右咏羅經二首。

范半池

二十四位陽順陰逆挨星法

甲。庚。壬。丙。乾。坤。艮。巽。寅。申。巳。亥。 十二陽位要順挨。

乙。辛。丁。癸。辰。戌。丑。未。子。午。卯。酉。 十二陰位俱逆行。

法先將辰當元星辰入中。分出陰陽。一順一逆。分佈八方。在山山上起。在河河上輪。各將山上河上星辰再入中。挨到河上有當元令星為真。

將星數入中。向乾而挨為順。向巽而挨為逆。

挨星順逆總

指点元空訣
呼來方得數
順逆陰陽取
九宮星斗轉
翻天倒地尋
配去覓
知音挨
排奇偶
分正運
辨天心

先將所葬之年何運中分佈到山上向上再將山上向上某數入中逢逆逆挨逢順順挨得當元令星到向為妙

將當元星入中挨出為地盤再將山上向上是辰挨到向上為天盤

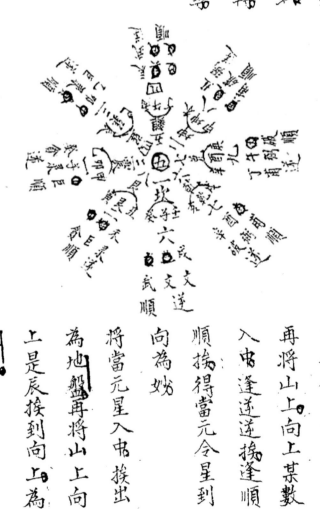

	中	乾	兌	艮	離	坎	坤	震	
貪	①	二	三	四	五	六	七	八	九
	①	九	八	七	六	五	四	三	二
巨	②	三	四	五	六	七	八	九	一
	②	一	九	八	七	六	五	四	三
祿	③	四	五	六	七	八	九	一	二
	③	二	一	九	八	七	六	五	四
文	④	五	六	七	八	九	一	二	三
	④	三	二	一	九	八	七	六	五
廉	⑤	六	七	八	九	一	二	三	四
	⑤	四	三	二	一	九	八	七	六
武	⑥	七	八	九	一	二	三	四	五
	⑥	五	四	三	二	一	九	八	七
破	⑦	八	九	一	二	三	四	五	六
	⑦	六	五	四	三	二	一	九	八
輔	⑧	九	一	二	三	四	五	六	七
	⑧	七	六	五	四	三	二	一	九
弼	⑨	一	二	三	四	五	六	七	八
	⑨	八	七	六	五	四	三	二	一

山情水意不同圖。順逆挨排趨兩途。此法對不同三字透
識得玄空奇妙訣。方知此理勿差訛。明却是揭八眞妙訣。

挨星之龍水。與四吉四凶反。筭四吉四凶。指方位而言
是死的。挨星是活的。如上元一二三四之山。配九八七
六之水。此兩句厚本說反。
山上排龍一二三四。要九八七六挨上。此一逆一順之說。
如九八七六上元山上龍神也。此處有龍得令妙有水
不得令是謂山上龍神不下水。主傷丁　水裏龍神
六七八九。要挨一二三四。又是一逆一順。
如一二三四上元。水裏龍神也。此處有水妙有龍不可。

是謂水裏龍神不上山也。主敗財。故曰山上龍神不下水。水裏龍神不上山。用此量山與步水。百里河山一向間。

如上元要挨一二三四之水。要配七八九六之龍。下元用九八七六之水。要配一二三四之龍。倣此推斷。又有一法。假使壬山丙向。乾坎艮震為山上龍神。巽離坤兌為水裏龍神。各是一半。山是山。而水是水。方不混。

真正玄空大卦五行生成圖訣

三元納河洛
理數原泒正
八神之祖可
謂三般卦訣

江東一卦從來吉八神四个一
江西一卦排龍位八神四个二
南北八神共一卦端的應無差

蔣法真理

地卦則能兼三度爲妙　如壬山丙向則
能兼子午爲内出卦　如兼亥巳乃出卦矣

合訣

子午卯酉乾坤艮巽
爲天元即四卦
乙辛丁癸寅申巳亥
爲人元即四卦
辰戌丑未甲庚壬丙
爲地元即四卦
天人兩卦可以兼用
惟地元獨用

紅線正神取龍水。

天一生水。地六成之。地二生火。天七成之。
天三生木。地八成之。地四生金。天九成之。

一六共宗。二七同道。
三八為朋。四九為友。
名為正神。是真正夫婦
雌雄交會之道。
合五。合十。合十五。
名為零神。同氣連枝。
一家骨肉之理。

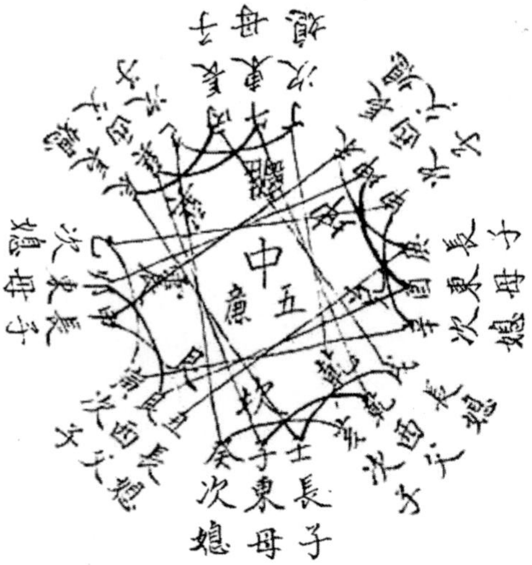

東西正零。八神
父母子息。納河
洛理數之原派。
真正玄空卦法。

一運丙山壬向排山水法

内排山順挨

外排水逆挨

一白起五六七八九一二三四為順五四三二一九八七六為逆星順則順佈星逆則逆佈

一運癸山丁向排山水法

子午同

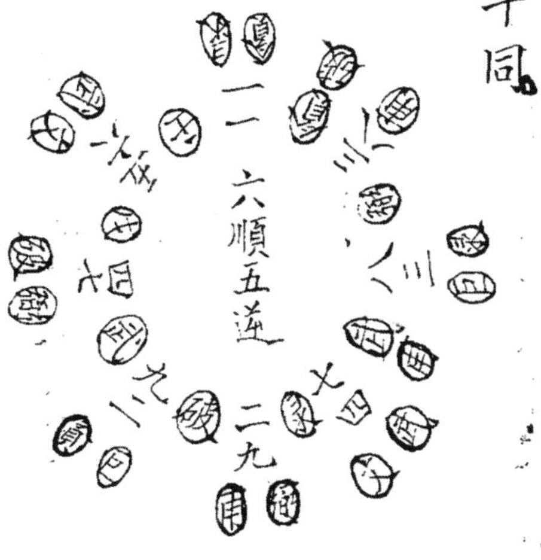

此法即北斗七星去打劫宮宮要相合如本宮有九逢七來為去打劫若本宮有七遇九來為來打劫面傳為妙

一運向圖

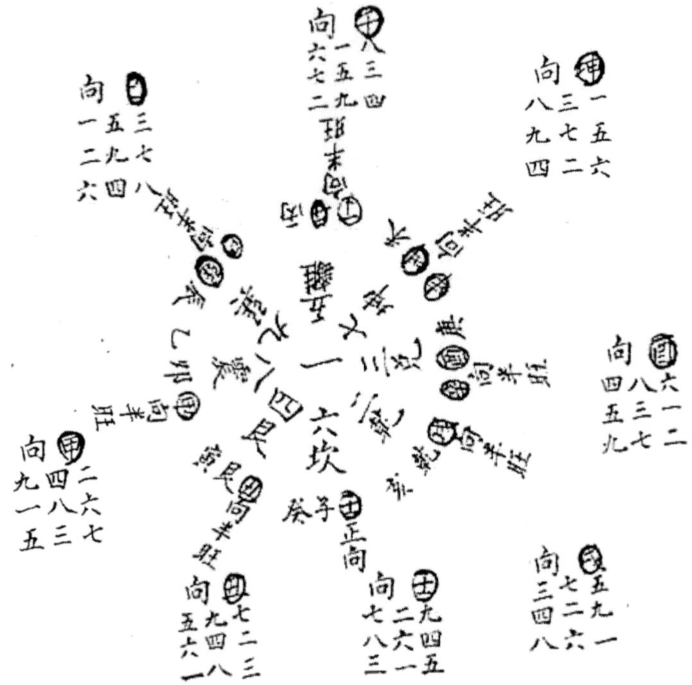

一白運內用午丁兩向須本向有水(貪水)

又要戌乾亥庚酉(是進氣)辛丑艮寅(旺水)上水此

為上吉地次用丑向須本向有水(貪水)又

要庚酉(旺水)辛戌乾亥(進氣)上有水此為中吉

再用酉辛向須本向有水(貪水)又要

戌乾(旺水)亥上有水上為中吉

此上元甲子戌用康熙二十三年交一運

二運向圖

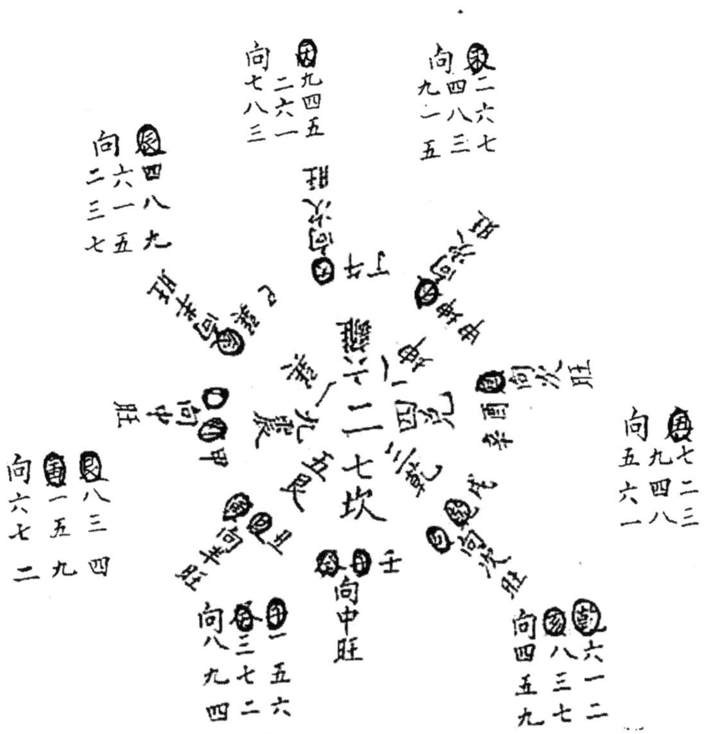

二黑運丙未為正向。須向上有水。又要兌震離水為上吉地。

次用庚向。須本向有水。又要乾震武水坤二七同道上有水。為中吉地。

用乾向須要本向有水為零星到向。方為大吉。

此上元甲申午用康熙四十三年交二運。

三運向圖

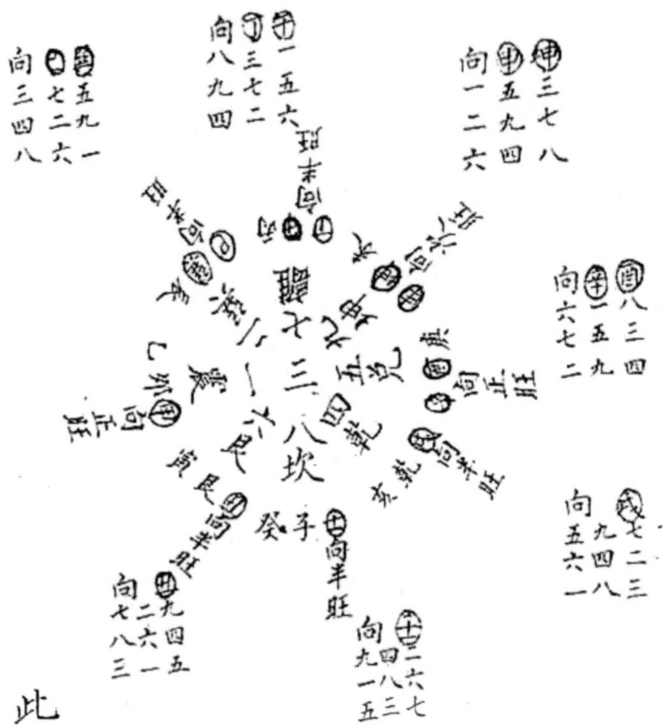

三運內酉辛向須本向有水又要戌乾亥甲卯乙上有水為上吉地
次用戌向亦要本向有水又要巽震坤之水為中吉
再用巽巳向須本向有水須要有乾艮之水為吉

此上元甲辰寅用雍正二年交三運

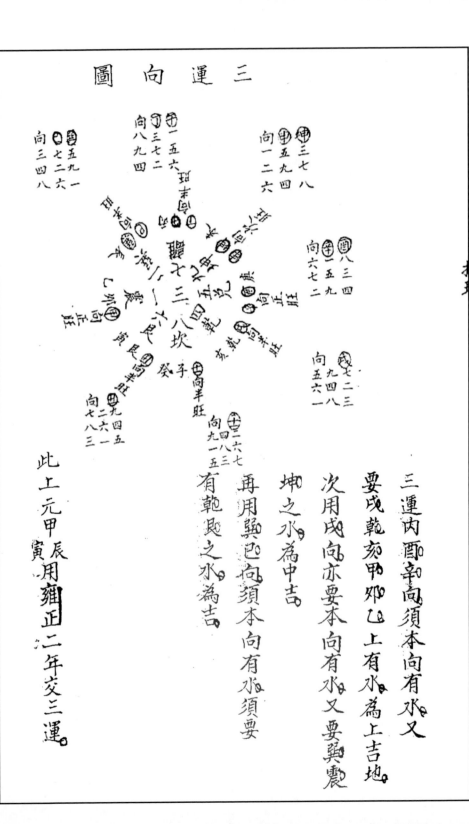

四運向圖

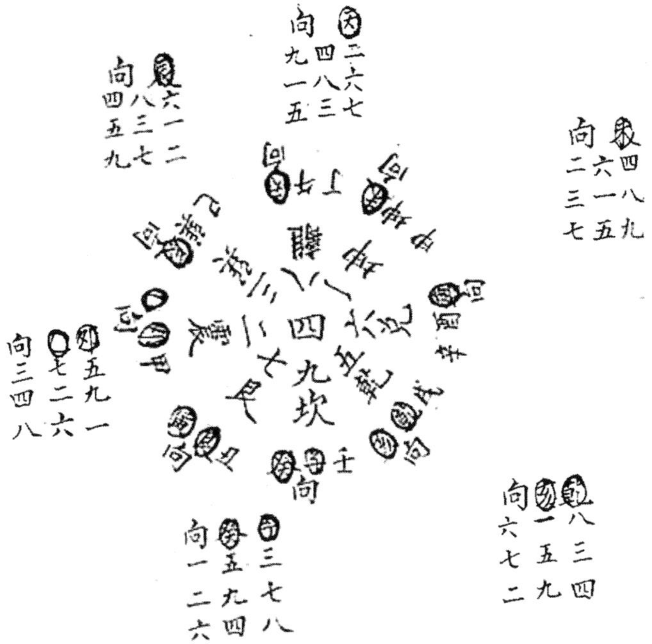

四運內用辰向為正向須向上有水又要震坤之水為上吉地次用乾亥向須向上有水又要離巽震水為中吉地再用庚向須本向有水又要坎坤二水亦為中吉

此中元甲子戌用乾隆九年交四運

原本五運向圖

中元甲申十年丑戌為正局酉辛午丁次之

中元甲午十年辰未為正局卯乙子癸次之

未向要向上有水須要離巽乾四宮水全

丑向向上有水又要戌巽酉上有水

戌向要本向有水又要與震坤上有水此為上吉

辰戌丑未之水是為五黃格

冬園子讁悮圖

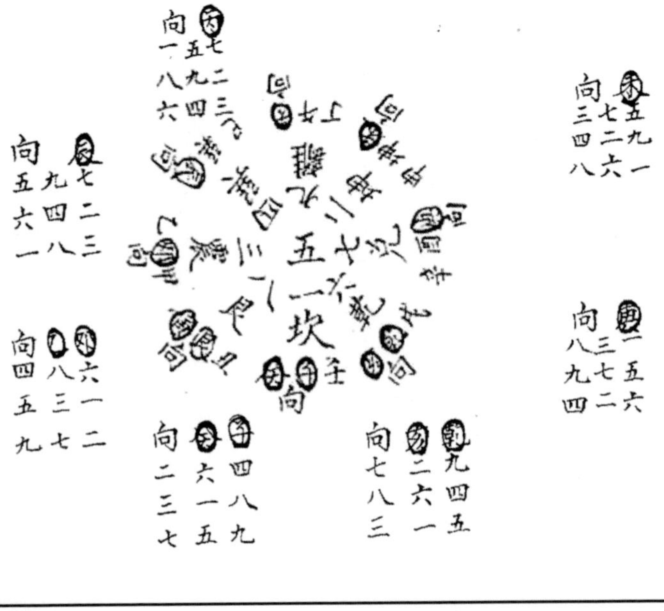

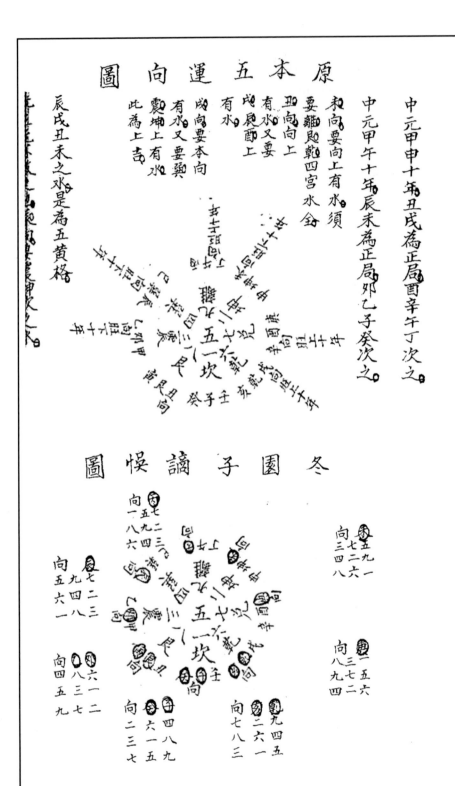

六運向圖

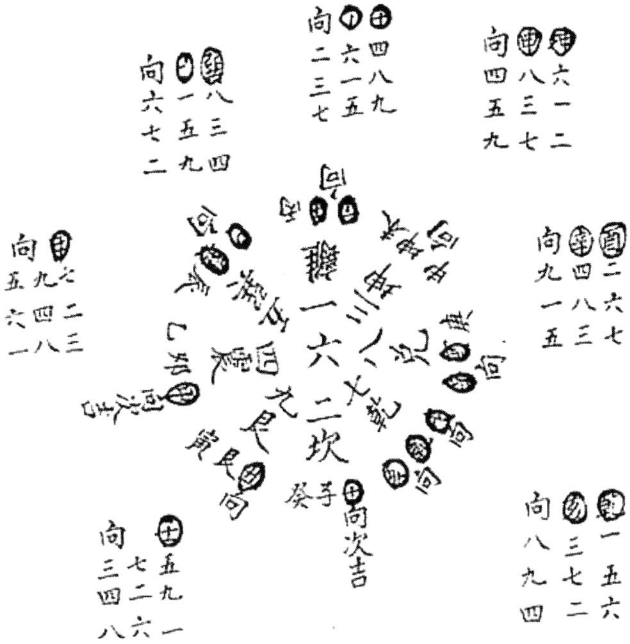

六運內戌向爲正向須本向有水要七八九之水爲上吉地

甲向要本向有水又要七八之水爲中吉地

坤申向要本向有水又要七八九之水爲中吉地

此中元甲辰寅用乾隆四十九年交六運

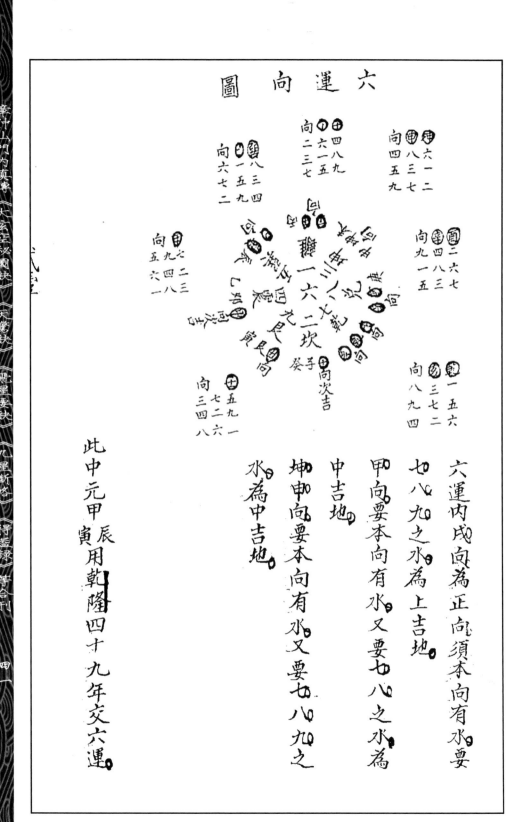

七運向圖

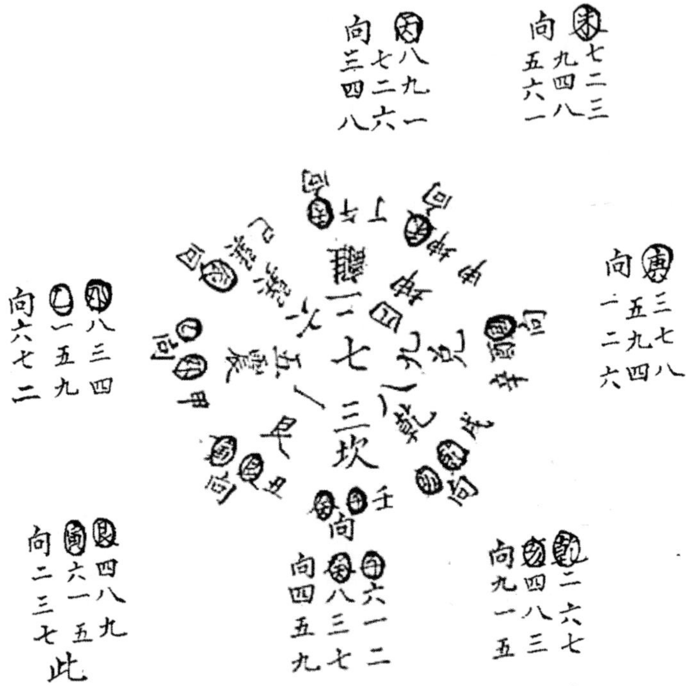

七運內卯乙向須本向有水又要八九六一之水為上吉地

和向要本向有水又要一八九之水為中吉地

子癸向要向上有水又要取一八九之水為中吉地

此下元甲子戌用嘉慶九年交七運

八運向圖

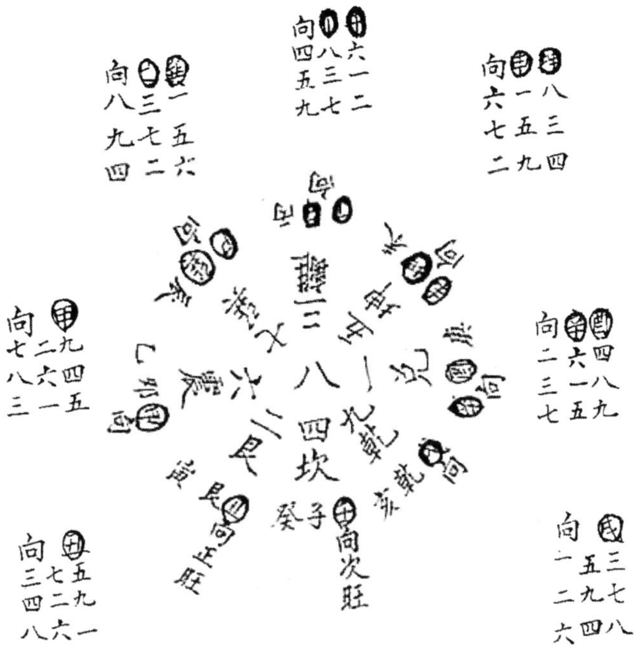

八運內用丑向。爲正向。須要一。九。二。水。爲上吉地。

次用壬向。要向上有水。又要一。九。二。之水。爲中吉地。

午丁向。要向上有水。又要一。二。九。之水。爲中吉地。

此下元甲申午用道光四年交八運。

九運向圖

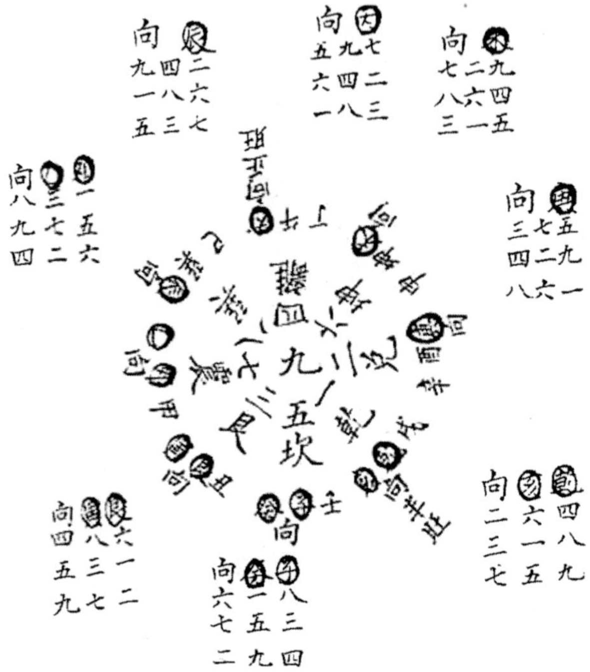

九運內用丙向為正向須要本向有水要用一二三之水為上吉地

庚向要向上有水又要取一四之水為中吉地

此下元用甲寅[辰]于道光二十四年交九運

呼星圖訣

用呼星法。隨向上直遠。不必入中。得一呼一。得二呼二。如上元一運。甲山庚向。向上挨看三碧。庚上有甲。自屬貪狼一數。即從一數直達。不必入中。假使一運中甲癸中不入中。二運中坤壬乙。不入中。三運中子未卯不入中。其餘倣此。

冬園子語此法不能。却真。不必重之。

歌訣

甲癸申貪狼一路行
坤壬乙巨門從頭出
子未卯三碧祿存到
巽辰亥盡是武曲位
戌乾巳文曲共廉次
艮丙辛位位是破軍
寅庚丁依例作輔星
午酉丑右弼七八九

九星五行所屬

一貪狼水　二巨門土　三祿存木
四文曲水　五廉貞土 火　六武曲金
七破軍金　八左輔土　九右弼火

五黃廉貞土金火木水賴以成質一得五為六為水二得五為七為火三得五為八為木四得五為九為金五遇十而成十五為土

右經與語云坤壬乙文曲從頭出艮丙辛位位是破軍巽庚癸盡是武曲位乾甲下貪狼一路行此不重九星而重水火金木不過借九星之名顯五行之性分佈四方而成三合雙山者也今此與語是後之君子易其歌訣成三元之正運為陰陽之紀綱本是河圖坎一坤二震三分為上元巽四中五乾六分為中元兑七艮八離九分為下元以上元甲子坎宮來中元四綠順行流下元甲子起自兑也於是坎得一數五行之首也斗之魁貪狼也領坤震及十二支共主宰乎三元甲子正運五行生旺之氣即分坎之子癸引坤之子申震之子甲而歸於乙同屬貪狼故上元立挨星局以甲癸申起貪狼

之位其坤未鳩合震三而受坎之子壬震之子乙同屬
巨門循環紐合共理上元衰旺之事也○中元四綠縂
中五及乾六掌中元甲子正運五行生旺之氣於是用
乾之武曲為巽之對待故中元立挨星局而以乾巽六
起武曲以立守鎮中宮繼天立極御制四方利於建立
郁宮陵寢則威揚八表召其威福若非此中五而下直
向者必羅其害慎之如别運正可用其本運之直向耳
○下元兌七主事統艮八離九主宰於下元甲子正運
五行生旺之氣而兌分巳之子辛寄於離引離之子丙
艮之子丑丑艮同屬破軍而離之子丁得兌之子庚艮
之子寅同屬右弼司下元之代謝故下元立挨星局以

兌辛艮丑而起破軍以乍亥庚寅起君弼也因艮上三局惟中元乾巽揆星正運干支不相假借者何也因中五廉貞間於其中也○又上元之祿存中元之文曲下元左輔右弼未能班序於捴圖此作家之啞謎而有天地自然之理然以九數分三如敘一家骨肉而分統三元正運生死衰旺之氣而其坎一又爲三元之紀綱九星之首領中元下元不可置之勿論也其離九又爲首領陰陽之對待收攝元運之化機故得離九生旺之氣皆有三元不敗之妙義所云丙午丁三陽水向盡源流富貴永無休是也

八方三元氣運旺衰定局圖

上元六十年　坎統運　艮煞　震生　巽生　離死刑　坤死　兌敗　乾敗
中元六十年　巽統運　離生　坤死別　兌煞迷　乾煞逆　坎敗　艮刑　震旺
下元六十年　兌統運　乾旺　坎生　艮敗　震死刑　巽死刑　離煞逆　坤敗

生旺衰死

當元者為旺將來者為生方過者為衰過去者為死洛
書三角共十五數戊己在中戊居左己居右戊為五己
為十亦成十五數
坤壬乙巨門從頭出巨門二數以二入中逆行乙為主
故逆
三爻每卦用
子午夘酉乾坤艮巽為父母天卦[illegible]甲庚壬丙辰戌丑

未為地卦乃父母卦之逆子也◎乙辛丁癸寅申巳亥為人卦是父母之順子也父母卦與順子一卦左轉惟逆子一卦右旋此前兼後兼無元三卦之父母也子息兼父母為順父母兼子息為逆

星訣

一用六二用七三用八四用九令星皆在坎順挨去九用四八用三七用二六用一令星皆在離逆挨去

假如六運用一入中逆佈丙順佈子癸

☶

武左 逆佈丙向六入中向巽輪至丙是二未

曲右 與丙對巽文曲坤武曲是武左曲右

☳

武右 順佈子癸六白入中至子

曲左 是二乃武右曲左

東

驗

六運艮山坤向坤水震巽水池又有小水消巽方去即財退長房瘇瘋死四在巽五在震六在坤不能出煞故也（六運坤向 六一二 八三七 四五九 四五退氣又在退氣方故也）六運巳山亥向兌乾水六在乾五在兌不能出水發之不久（六運亥向 一九六 三七二 八五四）六運初葬乙辛巳亥向兌水乾水去葬下即發（六運辛向 二六七 四八三 九一五）（亥向 一五六 三七二 八九四）（乾水兌水皆宜去）四運甲山庚向乾兌水坎方堆二墩四五運大發六運必敗無墩三元不敗之格（發杜玉林在華利灣）

四運（甲山庚向 九四五 二六一 七八三）二運巳山亥向兌乾壬水三元不敗之格 二運（巳山亥向 六七五 八三七 四五九）三運癸山丁向離艮乾

但看古來

御相地平 巽水三四五六皆發七運巽入中各發敗巽水八運小

洋一穴勝千峰

房發（秘中堂璜祖坟 右軍嶂山）三運（癸山丁向）

一五六
三七二
八九四

庚山甲向

七運庚山甲向乾坎水大發有艮水則敗七運

八三四
一五九
六七五

艮為催煞故主敗

八卦屬物

乾馬 坎龍 艮虎犬鼠 震猴 巽鷄 離猪 坤兔牛 兑蛇羊

八卦屬身

乾首 坤腹 震足 艮手 坎耳 離目 巽股 兑口

天干屬身

甲首 丙目 癸足 丁心 乙喉 庚肺 辛小腸 壬膀胱 戊己脾胃

地理飛星要訣

上元要一二三之山配九八七之水
中元要四五六之山配六八四之水
下元要七八九之山配三二一之水也

挨星之龍水與四吉四凶反篇按水上排龍總要得令為妙如上元配九八七之水須挨上一二三四中元六八四之水須挨上四五六七下元三二一之水須挨上九八七方所謂下元七八九得令合時吉背時凶

上元要一二三得令中元四五六得令下元七八九得令

山本二十四一順一逆逐成四十八局其法要以令星入中順挨至向上得某數即以某數入中分順逆排去山水合時則吉山水背時則凶總要山水同元而當令如上元一二三只可一二三不可用四五六七八九如水上向上用一二三山上亦要一二三所謂山水同元也中元四五六山上水上向上只可用四五六若遇一

二三七八九災禍立見矣下元用七八九只可用七八九不可雜用四五六一二三然非在地卦上着眼安在天心上查假使坎上上元有坎水中元得離兑以地卦而言本不可用若將天心九氣輪挨則元運及時之合星挨在凶水之上及能化凶為吉矣餘可類推

將令星順排到山即為山龍入中分順逆轉到水上即為水神山水共得同元之令星方為全美

將令星順行到向得一呼一得二呼二即以其數入中遇數之卦陽者於中取數順行遇數之卦陰者於中將數逆佈

卦內有三字三字中各有其數如壬子癸一卦壬屬二

陽順行子屬三陰逆走癸屬一亦陰又要逆走矣如未坤申一卦未屬三陰要逆挨坤屬二陽要順佈申屬一陽又要順行矣

如遇二呼坤壬乙坤宮兩傍只有未申並無壬乙用坤自然巨門用未申則非矣未三申一原在坤中總屬上元一元之天心是仍一家眷屬也故日非巨門而與巨門為一例四五六七八九皆然五黃屬土以戊己代之

戊屬陽數五　己屬陰數十

挨九星歌名號

一六原來共祖宗巨破兩星脈自通即一六共宗二七同道　三山失卻朋八向四友窮途哭九龍即三八為朋四九為友　五十中央無所

壬辰戌丑未 艮坤申 九星挨得符河洛天地生成福萬重

九星名號

貪狼為魁星巨門為病符之星祿存為好勇鬥狼之星文曲為文昌之星五黄為大煞武曲為孤獨之星破軍為肅煞劍鋒之星左輔為小口之星右弼為火星

向法

如輿語呼着某數即得某數入中倘遇震兑午丁乾艮等處得數入中 如兼法須隨時酌用假如六運用巽乾或辰戌或巳亥向者甚多在初運用巳亥正向不兼壬亦不兼乾此為直向初年不利到甲寅方可 如兼乾三

分即将亥上七入中逆挑初年自利将交下元即退敗并少子息如兼壬仍作亥○如作乾向不兼亥戌将七入中兼亥同如兼戌為向首錯亂兼三分猶可多兼即為雙山雙向因向上一陰一陽之故耳○六運乾向依地盤挨去是七到乾再以七入中逆挨到乾是六此為令星到向亥向亦同六運若作戌向以七入中順挨到乾是八此謂令星不到向即失元耳故六運作乾向只可兼亥不可兼戌（六運乾向 一五六 三七二 八九四）（戌向 四九八 二七三 六五一）向之兼者填其水如兼向合者兼五度不可兼者不兼為上何也不兼則富貴發足兼則鬆矣如兼亦可不兼亦可兼三度發雖不足亦可悠久值元令星在向上即在向上值起挨星

不必入中如六白運作夘向夘上地盤挨得巽字即呼巽辰亥盡是武曲位武曲六數是令星即在向上直起不用入中則六在震七在巽八在中六運夘向巽為主屬陽故順行向上過直元令星用直向則裝在向直起呼某數不必地盤三八七一六二五四九四為巽為武曲六數六運用夘直向五一九三八四七六二武曲六即以夘上起武曲入中輪挨若用兼向仍以向上得某數入中要挨到向六運用夘直向得震巽水六在震七在巽發四十年丁財也兼一二度為直向

坎離無定局一運六入中六運用一入中為一六共宗惟坎之向為代替法替出亥字矣

坎離無定作向與他卦不同假如六白運用一入中逆

佈令星在丙用順撥令星在子癸此為生成法（六運一入中逆佈）

二	六	四
三	一	八
七	五	九

令星在丙（一入中順佈）令星在子癸

上元一二三不歸中中元四六不歸中五黃運南北八神共一卦之時坤壬乙巽辰亥甲癸申不歸中皆用當時直達不用兼若兼歸中算五運上十年用算下十年分算用辰亥二字

六運用巽辰亥艮丙辛向上不歸中直用兼用即歸中矣兼用者補救也

救

六白運用辰斗柄指辰向則吉元元有五位歸中即打結法也然六運辰向只有四吉倘有離水兼禽而為五吉

六	一	八
七	五	二
三	九	四

三運 乙向
四八九
六一五
二三七

七運 庚向

江東一卦起於江東。八神之中得其一。何也。三運排到三上。卯乙向。三碧零星在向。一二已過。四五雖屬進氣。究屬別元之生旺矣。江西一卦起於江西。七運用酉辛向。得七八星。為八神得其一也。六退九入中南北八神五歸中為星極。包涵三卦。氣貫三元。元元可用。非若東西二卦。只得一二。如七運用庚向。五歸中即南北八神共一卦。五運用打結法。五歸中皆共一卦也。

七運 庚向
三七八
五九四
一二六

[illegible] 辛向
八三四
一五九
六七二

六運用辰向。離巳丙水。即入元兼貪巳丙宜向天門。立上辰為天門。向辰則兼貪而為五吉。

六運 [illegible]向
八三四
一五九
二六七

一運用午丁向。雜丁來坤水。取八白左輔為五吉。

一運 [illegible]向

五運用戌向雜亥壬水亦兼貪而為五

此向星辰有錯則有乾亥向。

六一八
七五三
二九四

吉。

五運戌向
七二九
八六四
三毌五

六運壬子水立壬向夾帶亥水亦有兼貪之妙。

壬向
三七五
四二九
八六一

可謂一六共宗。

七運未坤水立辛山乙向退後數步作丁未水所謂向乙。貪在午不嫌其夾雜也。

辛向
六一八
七五三
二九四

八運子癸水立壬向夾帶丑水而有兼貪之妙。雜之有益。

壬向
五九七
六四二
一八三

八運用丁向。雜丁未坤水。兼武而為五吉。

丁向
四八六
五三一
九七二

兼武兼貪者非兼向用也。是兼山收氣兼水出位之用也。假如未坤坤水。立乾山巽向移後數步為未坤坤水。

變丁未坤水為兼上元之用也

兼向法

甲庚壬丙陽向為奇兼一度三度乙辛丁癸陰向為耦兼二度四度此蔣盤之用法也

山上龍神不下水水裡龍神不上山山管人丁水管財祿山龍挑山為主平洋挑水為主山中有水即用向上挑水平洋有山即用山上挑山故山上用神要放在山上名曰山管人丁不可放在水上如放在水上則敗財傷丁故曰山上龍神不下水也水上用神要放在水上名曰水主財祿不可放在山上如放在山上則傷丁敗財故曰水裡龍神不上山也 山水二局皆合為大地矣

山非山峰之山。遇房屋高阜。揔作山論。水是三义之水。
逢來去浜頂。揔作水論也。
收山出煞者。两股挾出水。将令星要在三义口。倘一股
单水。令星不可放在水口。要浜底來水處。為之出煞。
山水令星俱到向可以出煞矣。
生入剋入名為進。生出剋出名為退。以
中宮句上來水去口。須細論之。
令煞二星。五行先後天八卦算。入中最凶。令星入中。假
如六運。六入中必絕也。用一白最久。發至中元。凶星在
旺水上。又逢戊己年。太歲五黃到。大凶。平常不凶。若在
敗水上更凶。如吉星在吉水上。逢流年吉星。太歲更吉。
用玄空三合六合對沖流年算。如流神直射。試在來水。

則傷人下在去水口水灣抱女人多病在向上則傷人下。

元空星向分先後假如一運立亥向用甲癸申亥上逢申字九運先用癸字亥向有癸字一運一在申癸亦在申一運六入申作丙山壬向亦為一六之吉也。運有一个在內艮丙辛六運先用辛作亥向亥上得辛己也。

向分先後也。如一運作亥向。先用申字

如六運作亥向。先用辛字。

一運 天盤

九	五	七
八	一	三
四	六	二

六運 天盤

五	一	三
四	六	八
九	二	七

九運 天盤

八	四	六
七	九	二
三	五	一

先用癸字

城門訣

城門者水之交會處。即水對三叉 細認綜之意要及時及令之星。即為生入。一股水出口。要一出六。六出一。如六白運中來水之源用六。去水之處用一。非指浜底為來源。六運辰向。兼乙三分。五入中逆佈。逢離水。六運丁向。一入中逆佈向上。六自為令星到向。有一六聯珠之妙。辰向

八三四
一五九
六七二

丁向

四八九
六一五
二三七

上元用成數入中佈到向上。星何數。再將向上星數入中。觀其陰陽。或順或逆。倘遇五黃到浜底。與堂水口。又值戊己都天交加。立應凶。至下元用生數入中逆佈一二三四五生數。六七八九十為成數。五黃運用奇數逆佈。前兼龍神前兼向。淂時淂令之星。為龍神聯珠莫相旋。為山向合時合令也。偶數順行。山向反吟伏吟再遇年月反吟伏吟必凶。打結法當元令星卦運一合令中逆。反從頭生。是星來交坤。生己。用法卦運當令可

用所謂從頭出也原本此法不合即是呼星之意冬園子悞此法即星辰交加一顛一倒雌雄交会之義

天星十道法

假如向上天心三碧偶遇山上重起星辰輪到向上是七赤星即爲天心十道或八方合十爲格

四吉卦陰用逆要生水局向〇四凶卦陽用順用杀水局向山水難生旺

陰陽相乘上元六七八九水倘遇六七八九星到水上爲陰水見陰星凶若一二三四星到六七八九星水上此是陰陽相和吉或五黃星到向或到山或到水口若遇運退元失如逢戊己之年應凶戊年在陽干陽支陰年陰干陰支又子午卯酉向用乾坤艮巽水口或用乾坤艮巽向亦用乾坤艮巽水口更有乾坤艮巽向兼收

甲庚丙壬乙辛丁癸為雜局又云癸兼子為不雜兼丑則雜矣亥乾不雜兼壬則出位矣卦内八卦不出位代代人尊貴此及出卦之病耳貪狼原星原是發來遲坐向穴中心未知為向首有貪狼坐山有貪狼　驗

六一一六　七二二七　八三三八　九四四九　五者八傷向上起星佈到水口上山上起星亦佈到水口上若二个令星俱到水口上發最星速此乃坐空朝滿之局山上龍神不下水者坐山天星入中佈八方見山得炁之星為吉得炁之星見水為凶橋墩屋高處以作山論俱得用若見水凶

天机安在内得其所為内　山向水上各得其所

真口訣　左為陽子癸至亥壬右為陰午丁至巳丙　此屬口訣

五四起宮逆而星仍順左為逆局先坎後到巽乾為亥

壬〇五星起宮順而星仍順右為局先到離後到巽為

巳丙當元令星在向用直起法

上元一白二黑三碧運中甲癸申坤壬乙子未夘一二

三不入中

中元四綠六白戌乾巳巽辰亥四六不要入中

下元七赤八白九紫運中艮丙辛寅庚丁午酉丑不必

入中

三星五吉各不同三星言龍体五吉言卦氣五位相德而各有

合也此為五吉下元末上元初可用甲癸向故曰後凋

中元初寅申可兼用故曰先榮寅坤申庚御門開開者

考作

兼通他卦也。

取得輔星戌五吉。此輔星不在天元宮之水中。又不在天元宮之山上。正在天元宮之最親最近者之水中脉。取貪狼護正龍。此謂坎氣入穴。以收上元之旺氣。交八九運為中元運短故也。

六白運內挨星接氣訣

庚山甲向。有接七運氣。坤水見可用。戌山辰向。有接七運氣。見卯水可用。七運艮山坤向。有接八運氣。見坎水可用。寅山申向。同午山子向。有坤水見可用。丁山癸向。同丙山壬向。有接九運氣。午水見可用。俱接下元七八九之氣。

甲庚見坤 七二三 九四八　戌辰見卯 八三四 二五九　七運艮坤見 七二三 九四八

水。接七運。五六□□水。接七運。七二□□坎水。接八運。五六一

一節吉龍一代八運丙壬見午水接九運七二三 九四八 五六一下元要九八七六龍反六八九之水為接氣此法前言不合後酷
發如逢雜乱知論一個星辰一節龍一代風光一節龍以定世代遠近
便参商要知吉吉凶之應此龍神非來龍之龍神是元運流動之龍神
地行龍止雨水也看坟須看龍到頭到頭者即令星到向之說也
相交夾一龍　凡挨星以時令入中順數到向上之數後以向上之數
入中尋令星如一逢九二逢八三逢七四逢六為之反
吟亦為之十道得時致吉失時致凶一逢一二逢二三
逢三為伏吟得令時亦能發福一失時令則凶不可當
見之經文
凡挨星以令星入中宮挨至向上口念着坤壬乙即是
巨門必將六數入中宮口念着艮丙辛必將七數入中

參閱

宮口念着巽辰亥必將六數入中宮如甲癸申者以一數入中宮分佈八方逢陰則逆逢陽則順先挨山上令星到向次挨向上令星亦有到向為妙直向無兼者直達星辰不必入中向上直起假便交一運戌向是未字未即三數乾上起三兌上二艮上一依次挨之何為逆挨因未字屬陰故逆此向直達不用要得時之令星方可用之如一運亥向可用向上有申字甲為貪狼雖失元直達可用申屬陽要順挨乾上一兌上二艮上三依次類推

一運甲癸申二運坤壬乙不入中是也

如兼向者要將運數入中挨出分佈八方以山向再入

中挨出。逢陰則逆挨。逢陽則順佈。要當元令星到向為妙。若遇坤壬是屬陽。要順。乙是屬陰則逆也。假如中元時造未向。四運以四入中挨至未上。是坎一。坎中有壬。即以壬算。將壬入中。壬換陰要逆挨出。乾上九。兑上八。艮上七。離上六。坎上五。坤上四。以作未字四數。所謂令星到向。可用。如下元七運。丁山癸向。以七字入中挨出分佈八方。數至坎方挨着震三。震中有乙字。再將乙字三數入中。乙屬陰逆挨。乾上二。兑上一。艮上九。離上八坎中中癸向自七。所謂令星到向亦合元也。如兼者元元要入中。其餘倣此。

龍論山。水論向。水口為重。卯壬乙巨門從頭出。法挨星法以隨時得令星入中假如中元甲子甲申造葬。八不動時不欲易位。如他時造葬。以得令時入中挨至向上。口念至何卦何干支。陰陽入中或順佈或逆挨。如五黃時造坤向坤。以二入中宮順挨到向。此方有水來大妙。為之得令星。如壬向壬屬一。即以一入中順挨到乾。此方謂之巨門。有龍大妙如乙向屬三。即以三入中逆挨去至二。亦在乾。此方有水不可也。如下元兌七得令時。造坤向。即將七數入中宮挨至坤。念着巽四入中順挨至震是二。此方為之巨門。挨星之龍水與四吉四凶反算。下元用九八七六之水。一二三四之龍。則其家必發也。此是真口訣

下元有水處須挨上九八七六有龍處須挨上一二三四。如七運辛山乙向四在離三在巽二在艮須此方有龍為妙七在震八在坤九在坎須此方有

水為妙

有如下元甲子甲戌二十年造午向以七入中挨至午上二。乃午變坤空字了。再將二入中宮順挨出。三在乾。此方有龍為得令。四在兌。此方有水為之不得令。以四為龍位下元須一二三四之龍也五艮位此處分五十看。六在離七在坎。此處有水大妙。何也。合四吉水也

如造酉向。以七入中順挨八在乾。九在兌。將九之中卦屬陰。入中逆挨。八在乾。七在兌。其乾兌為之伏吟。如何也。兩次數至其處總輪着八也。此方在得令時反能發福也。一過時令。必致其禍。且欲死子非命。如艮卦犯之傷少男。餘倣此如下元用九八七六之水一二三四之龍其家必發以水上排龍言之。

挨星以時令入中宮順挨至向上有順無逆至向上山上再入中挨去將口念着某數入中逢陽則順走逢陰則逆輪故云有時順有時逆毫無定處也

附後師論

五黃得令時即用一二三四之水為零神挨星挨去口念着五黃如左右二爻神為向即將戊己代之戊屬陽順己屬陰逆坟旁有高阜或有屋為左不通風長房絕右不通風小房凶如下元其高方在六七八九之方挨出在一二三四之上不妨（收一二三四挨右六七八九之方也假如七運作癸山丁向四在兑其方可高）書中兼一兼二非乾巽兼辰戌巳亥之謂上元兼中元之水中元兼下元之水總要吉多凶少也（六零即一元三卦之二爻神共成也）

癸山丁向

凡水從旺方而來消衰方而去消水方於四至三至二至一從衰方而去其家富久即貪不驟若自一至二至三至四而去其家不能聚財即祖上有業貧窮亦速至於來水則反是水之來去俱宜屈曲而不可直若屈曲必能出貴水必用星卦不可用爻神力薄耳山向以陽兼陽陰兼陰不可陰陽夾雜如兼出卦即有陰差陽錯向如催又數挨去仍是双數單數仍是單數斯地愈靈其數即一二三四之數也如七運辛山乙向震為單數挨得七在向上仍單數也（七運乙向 八三四 一五九 六七二）如下元一二三四為四吉須九八七六挨出一二三四之上方為五吉若仍在一二三四之上便為四凶矣北斗七星去打結將

令星對處為五黃。即六入中。自在巽之五黃用水。上元用九離挨出一白。上元一白五黃在離。將五入中。離九挨出一白到向得单數中元用六乾。挨出四巽。收四巽到乾上得双數下元用震三挨出七赤。收七赤至震上弟則有力於一元。如上元用七赤則為無力為之用。力不必水必一卦清純不可錯雜。如四吉水挨星反出四凶。即以四凶論水其地之凶。凶在邠方至邠年必欲傷下太歲逢合年尤忌。如吉歲在邠邠年必發

論龍者龍不可混要子字出脈子字尋要龍生山矣山生水三生萬物是玄關來龍之田反形最妙故穴後反形不妨前與左右俱不可反前反主大絕左反主長絕

右反小兒亡也

三元水法

甲巳未壬下元之上（甲巳未壬之水下元九十年初三十年得令）卯巽坤癸下元之中（中三十年得令）乙辰申子下元之下（下三十年得令）午辛乾丑上元之上（上元初三十年得令）丙酉戌艮上元之中（中三十年得令）丁庚亥寅上元之下（下三十年得令）此皆四吉四凶板水法

上元要一二三四之龍六七八九之水下元要六七八九之龍一二三四之水上元坎山當令為正神（得令之龍為正神）離為零神（得令之水為零神）○（此一九合十）乾水為照神（為之一六共宗原本未能透明即是坎山坎向水朝坎富貴入長安如一運要坎龍坎山坎向坎水即挨星法總得一字）坤山當令二運為正神艮為零神（二八合十也）兌水為照神

律合

二七同道也震山當令三運為正神兌為零神三七合十也艮為照神即三八為朋中元巽山四運當令為正神乾為零神四六合十離水為照神即四九為友乾山當令六運為正神巽為零神四六合十坎水為照神即一六共宗下元兌七當令七運為正神震為零神三七合十坤為照神三六同道艮山當令八運為正神坤為零神二八合十震為照神三八為朋離山當令九運為正神坎水為零神一九合十巽水為照神四九為友

來水在一二三四之右去水在六七八九之右其家不能聚財若來水從六七八九之右去水在一二三四之

方則富矣。

起運

地以迁塋之日起運屋以居住之日起運後葬後造則又重新起運如中元壬辰年迁葬為五黄運戊申年附葬為六白運則以六白入中另算又如中元甲子年居住為四緑運壬子年於宅旁另造本宅仍作四緑運新造之屋為六白運若將正堂修葺不以舊屋上起運則從六白起運以六入中宮挨算分陰陽之順逆用各不同以察其得令否。

玄空大卦宮位訣

坎離巽乾二長三。艮坤震兑順迴環震宮則用逆行取。

三二一仝逐位頒

宮位分房訣

子午乾巽丑未乙庚方禍福長房當壬丙戌辰夘酉艮
坤方吉凶見二房癸丁甲辛巳亥寅申方立應第三房

吉凶斷訣

巽風吹入仲離宮貪溪女子隨人走（即房門）寅申交媾掛
梁間凡陰陽兩宅向前不可有正曲路紋路之形要犯
吊死（下元）寅方亦然見戌水消午寅兩方為三合火局有
去峰怪墩破屬奇石等情宜傍火災寅午戌三方有旗
筆華表寶塔高峰在旺方者為文筆在衰方者為破筆
尖峰名為鬼煞宜慎火災遇九七二星有紅廟紅墻見

紅者非犯血症。亦犯火災。巽上庚子造逆高樓。坎兌二局爐毀。凡朝南宅基。巽方不可造高屬犯火災水從離乾來去為九六過長房有血症。巽是先天兌。與後天兌方消水。小房口內有症。若築壩出啞子難産。後天艮方曲曲水上元出壞腳在小房艮先天震位。長房亦難兔消水出口打築斷壩有疫症 難産。朝南房門不宜對灶。宜犯目病南方不可怪峰直射。謂離為巉巖而目瞎。

一筆驚奇法

一六共宗。如上元甲子甲戌。一白當令顛倒論之。一白坎對面離。九紫水為正吉。六白乾水為催吉而艮水兌水皆為吉照神。一白坎水為正煞。四綠巽水為催煞而

坤水震水皆為凶照神
二七同道如上元甲申甲午二黑當令則顛倒論之二
黑坤對面艮方八白水為正吉七赤兌水為催吉而乾
水離水皆為吉照神二黑坤水為正煞三碧震水為催
煞而坎水巽水為凶照神
三八為朋如上元甲辰甲寅三碧當令則顛倒論之三
碧震對面兌方七赤水為正吉八白艮水為催吉而乾
水離水皆為吉照神三碧震水為正煞二黑坤水為催
煞而巽水坎水皆為凶照神
四九為友如中元甲子甲戌四綠當令則顛倒論之四
綠巽對面乾方六白水為正吉九紫離水為催吉而艮

水兌水皆為吉煞神四綠巽水為正煞一白坎水為催煞而坤水震水為凶煞神

五十同途中元五黃當令天四綠五黃六白皆中元也四綠分在上元六白分在下元五黃居中管甲申甲午旬二十年在河圖洛書太極為五十在十干為戊己皆在中央甲申旬中十年分在上元甲午旬十年分在下元戊數為五屬陽土寄旺於艮巳數為十屬陰土寄旺於坤五為天屬陽寄旺於辰戌十為地屬陰寄旺於丑未不可混用惟看元運

一六共宗如中元甲辰甲寅六白當令則顛倒論之六白乾對面巽方四綠水為正吉一白坎水為催吉而坤

水震水皆為吉照神六白乾水為正煞九紫離水為催煞而艮水兌水皆為凶照神

二七同道如下元甲子甲戌七赤當令則顛倒論之七赤兌對面震三碧為正吉二黑坤水為催吉而坎水巽水皆為吉照神七赤兌水為正煞艮水為催煞而乾水離水皆為凶照神

三八為朋如下元甲申甲午八白當令則顛倒論之八白對面坤方二黑水為正吉三碧震水為催吉而坎水巽水皆為吉照神八白艮水為正煞七赤兌水為催煞而兌水離水皆為凶照神

四九為友下元甲辰甲寅九紫當令則顛倒論之九紫

離對面坎方一白水為正吉四綠巽水為催吉而震水坤水皆為吉照神九紫離水為正煞六白乾水為催煞而兌水艮水為凶照神

以上中元六局甲辰甲寅下元七局甲子甲戌八局甲申甲午九局甲辰甲寅通共八十年四吉四凶摠訣大抵一白二黑三碧為上元每宮各管二十年三宮共管六十年四綠五黃六白為中元旺運亦六十年惟有中元無所靠着判二分之三十年屬下元七赤八白九紫為下元旺運此中推算排佈皆以九宮為掌訣委以為秘法

城門訣　坎離

坤壬巽癸出丑酉艮丙乾丁未 邪零午寅午戌流坤去
甲子辰消艮庚辛
　巽乾
坤癸壬向寅酉水艮丁丙向申邪零戌午向中水甲乙
辰子向中庚酉辛艮辛庚向午每丑坤乙甲向子水神
亥邪向水巽壬癸巳酉作配乾丙丁
　震説兑
乾甲坤乙流辰子巽庚艮辛戌午零酉巳酉丑乾丙去
邪亥邪未配巽去
　艮坤
巽辛庚艮亥午零乾乙甲坤巳子生未邪向中水壬癸

丑酉作向水丙下乾丁丙向水单卯巽癸壬向酉每辰寅午向水坤甲乙甲子向水艮庚辛

天元立向訣

（天元四正八綠訣　上元內作陽下元內作陰）

丙壬乾甲巽五向坤兑凶方忌照臨甲丙午丁乾戌壬七向流源艮兑嗔子癸卯乙巳酉辛七向坤離水惡星申巳卯巽辛子癸酉乙凶宮離艮刑午丁辰巽四宮向最忌震艮滙流神亥向怕逢坤坎水坤艮惟愁巽兑驚庚亥甲兮三向察照宮坎艮損人下丑寅未向乾離侵辰巽須防坤震靈臨艮坤二向觀水術震巽源流家道傾丑未向愁乾坎滙何寅最怕巽離侵

人元立向訣

丙申兼壬卯酉神乙辛丁癸子甲辰巳亥戌乾十六向
艮坤滙照至凶神丁午艮坤愁震兑丑未庚申離坎驚
惟有寅中向觀乾巽誰當值元水煞人

二十八宿五行捻法

子午卯酉日火精甲庚丙壬燄炎神乙辛丁癸中央土
乾坤艮巽木成林寅申巳亥淵源水辰戌丑未屬黃金

起例

乾坤艮巽四山甲上起木星乙辛丁癸四山亥上加孤曜
辰戌丑未四山寅上加掃蕩甲庚壬丙四山乙上加天財
子午卯酉四山辰上加燥火寅申巳亥四山卯上加天罡
上不合三吉用中氣局以定吉凶內將來山加天財送

行外局以紫氣加數順走。

太歲山頭白訣

子年一白入中宮，午歲相逢九紫同，卯歲中宮三碧起，酉年七赤是星宗，申未二年交二黑，辰巳四來四綠中，戌亥宮中起六白，丑寅八白正相逢，白到山頭宜作用，安坟立宅子孫榮，白中有煞宜迴避，犯者須教立見凶。此二十年山頭白也，以剋為凶，如子年四綠加艮，木剋土，作艮山方，主傷四人，犯一白傷一人，二黑傷二人，以星數推。要知何時應，近取四綠主四十日或四個月，遠取則艮為丑寅年，或未申相對冲年。損何人，以所犯之方支應，為丑寅人也。其法月與年同，如寅月以八白入中也白中煞者暗建六提穿心門午交劍受剋也犯煞之方俱不可犯一忌煞氣之入中如坎山忌黑黃八白入中不可修造一忌煞到如九紫到乾兌方犯之主是非橫災火盜官事瘟疫其三元年月白星同忌

先天五行秘旨陰陽順逆

壬子癸合一卦陽起　辰巽巳合一卦陽止

戌乾亥合一卦陰起　丙午丁合一卦陰止

戊己中元二十年分半陰半陽起止

康熙二十三年上元甲子乾隆九年中元甲子嘉慶九年下元甲子中元甲子甲戌甲申三十年陽順撥入上元共成九十年中元甲午甲辰甲寅三十年陰逆撥入

下元。共成九十年。陽順陰逆。週而復始。每卦管二十年。

以大玄空斷。效驗如神。

按九元大運

元	泰定	元年	甲子一白管事（一白即是上上元）
明	洪武	十七年	甲子二黑管事
	正統	九年	甲子三碧管事
	弘治	十七年	甲子四綠管事
	嘉靖	四十三年	甲子五黃管事
	天啟	四年	甲子六白管事
清	康熙	二十三年	甲子七赤管事
	乾隆	九年	甲子八白管事

長六

嘉慶九年　甲子九紫管事

同治三年　甲子一白管事

民國十三年　甲子二黑管事

月五黃起例

子午卯酉年八白入中宮寅申巳亥年二黑中宮求辰

戌丑未年五黃中宮起

日上挨星訣

冬至一陽生一白中宮起順行　夏至一陰生九紫中

宮起逆走

冬至

貪狼臨位永無災。紫草生從腳下。叔兩面紅艷。總未改。衣裳卻似斬新裁。

巨門子淨起

甲子一七四。甲戌二八五。甲申三九六。

甲午四一七。甲辰五二八。甲寅六三九。

夏至

甲子九三六。甲戌八二五。甲申七一四。

甲午六九三。甲辰五八二。甲寅四七一。

九星斷畧

竊聞河圖洩兩儀之秘。洛書闡九曜之靈。一白先天在坤。後天居坎。上應貪狼之宿。號為文昌之星。五行屬水。色尚白。秋進冬旺。春洩夏死。壬人遇之。必得其位。必得其祿。庶人遇之。定進乎財。定進乎喜。為九宮第一吉神也。至其尅煞。莊子有鼓盆之嗟。卜商有喪明之痛。蓋有

灰塵穴內祥
烟瑞氣生因
此兒孫多富
貴出人清秀
更超群
祿存水能蚊
虫多蛇鼠穿
塋自作竅口
骨生來多黑
爛衆房子息
受奔波
文曲星辰是
若何流來被
梛水生多更
知其中泥土

之矣二黑屬土星號巨門其吉也發田財則青蚨闐之旺人丁則螽斯蟄蟄然為晦氣之宿病符之星憂愁抑鬱有所不免暗悶淹延蓋嘗有之至其尅煞孕婦有坐草之虞孀居失柏舟之志或干涉婦人而興訟或有懷女子以招非大抵此方不宜修動犯者陰人不利其病必先三碧祿存星隸震宮其色也碧其五行也屬木值其生興家立業當其旺富貴功名官災訟非遇其尅也殘疾刑妻遭其凶也濃血傷災觸之者飛災大禍犯之者疾病纏綿巽宮得四數其色綠行屬水文曲居之故值之能發科甲能旺人丁君子加官小人進產至尅煞有瘋哮自縊之厄不得免焉淫佚流蕩之徒蓋有之矣

聚因知白蟻
作成窠
廉貞毒藥水
莫來軟脚瘋
癱又墮胎必
主女家遭此
害虛勞蒸損
瘦形骸
武曲水來大
吉昌亡人安
穩樂天堂尸
骸白尽異改
蔭蓋兒孫大
吉昌

五黃廉貞位鎮中宮威揚八表其色黃行屬土宜靜不宜動動則中凶宜補不宜尅尅則犯傷戊己大煞災害並至合太歲歲破凶神疊疊禍患頻乘故此星直右在平垣之地門路輕短猶有疾病臨高峻之處門路長重定主傷人必遭回祿之災萬室咸燼難免瘟癀之禍五刑云亡其性最烈其禍尤酷何也蓋以土為五行之主中為建極之基有天子之尊司萬物之命不可輕犯者也況有大石尖峰觸其怒古樹神廟社其威如火炎炎而不可嚮邇哉乾宮六白武曲居之行屬金性最剛其生旺也威權震世巨富多下其尅煞也伶仃孤苦有刑妻喪子之情七赤破軍位居正西兑宮有小人之狀為

破軍水朝不堪言竹木籐、根繞槨纏更主兩頭蚁虫聚尸骸棺槨兩難金

賊盜之精其生旺亦能發財旺下其尅煞則有口舌官非秋金旺煞九紫可制夏月滅惡八白忌臨左輔居艮得八數其色白生則富貴可卜尅煞主小口損傷惟本慈祥能化凶為吉德歸至善尤轉禍為祥故與一六皆以吉論並稱三白也離宮九紫星名右弼性最燥威又烈吉者遇之立刻發福凶者值之勃然發禍福故術家以為趕煞催貴之神但火性剛直不能容私宜吉而不宜凶故凶多吉少紫白並稱

按九星之法祥載元經玆述其體段以為學者入用之捷經書云不冲不發不架不凶冲者門路在其方是也架者其方有物必上所去有樹廟石峰之類架起者是

安坟最要看中陽寬抱明堂水聚囊出來結成玄字樣朝來鸞鳳無星祥直來反去拖刀煞湯流容死少年古

東西南北水

也流年惡殺併臨亦名架

元空秘旨

不知變易但知不易九星八卦皆空不識三般那識兩片凡屬五行盡錯顛之倒之轉禍福於指掌之間左挨右挨辨吉凶於毫芒之際二天星斗運用正在中央九曜干支施轉由乎北極夫婦相逢於道路却嫌阻隔不通情兒孫盡在於門庭猶恐兇頑非孝義卦爻雜亂異姓同居吉凶相併螟蛉為嗣山風值而泉石膏肓山風者即八四之文會相尅也午酉逢而江湖花柳酉者即九七陽午人相逢也星連奎壁啟八代之文章即一六聯珠也胃入斗牛積千箱之玉帛即八六土能生金也形亦安如此方可雞交鼠而傾瀉必犯徒流

來射房房橫
死絕根苗貪
淫男女風聲
惡曲背駝腰
家宗寡左邊
水反長房死
右邊水反小
兒傷當百水
反中男煞值
後反房房不
可當

即三七疊臨而叔盜雷出地而相冲定遭桎梏三二相尅也火若尅金兼化木數經回祿之災即九七同遇土能制水以生金定主田庄之富一六八之水俱全也木見火而生聰明奇士即四九為友火見土而出愚鈍頑夫二九有無情之刑也無室家之相依奔走於東西道路鮮姻緣之作合寄食于南北人家搖孤陰孤陽也男女多情無媒妁而為私合陰陽相見遇冤讐則反無情難有雌雄交會星辰却有情無情之用也惟正配而一交有夢蘭之兆得干神之雙至多折桂之英向有零星到向正取貪巨武三吉也陰神滿地成羣紅粉場中快活如四逢四七逢七九逢九再地刑直長尖射之類也火曜聯珠相遇青雲路上逍遙要取貪武甫弼之相照也非類相從家多淫亂星辰不合也姻親作合世出賢良星辰相合也

負棟入南離，竝見廳堂再煥；驅車朝北闕，時聞丹詔頻來。（總是水火相濟，棟木甲木也，在東方貪狼之位，離車吉九也，北闕吉坎也。）全無生氣入門，粮蹇一宿。（向首錯乱凶神吊照，故有此応。）會有旺神到穴，富積千箱。（零星到向，有吉辰相臨。）相尅而有相濟之功，先天之乾坤大定；相生而有相凌之害，後天之金水交併。（犯凶星有吉星相照無妨，有吉星遇凶星相凌故有害。）木傷土而金傷，重重禍須有救；火制金而水神疊疊，災亦能禳。（旺神受尅，有吉星相扶無妨。）土涸水而木旺無妨，金伐木而火熾無忌。忌神旺而制神衰，乃入室以操戈；吉神衰而凶神取旺，直開門而揖盜。重重尅入，立見死亡；位位生來，連添喜氣。不尅我而尅我，同類多鰥寡孤獨之人；不生我而生我，我家人出聰明俊秀之士。

（中宮星辰為我宮如飛出九宮者生中宮者或宮生星專或休來生者即生我也尅中宮者為尅我也生我尅者為財尅我為殺我生為洩）為父所尅男不招鬼為母所傷女難得嗣（即火尅金木尅土也）後人不肖因生方之反背無情（因生方有斜飛水或有反弓砂弓弓义义卻是無情故有此应）賢士承宗綠生位之端方朝揖（生位有水路似貪巨武之形也）我尅彼而竟遭其辱為財帛以喪身我生之而反受其殃因產難而致死（如我尅彼而反受其尅我生之而反有尅我故遭此厄）腹多水而膨脹（即二相尅也）一足見金而蹣跚（有三七相逢也）巽宮水路纏乾主有吊樑之厄（有四六相逢也或巽宮逢六或有水路直長相冲或有了义交路有如純索樣或坤申交媾或艮寅無情是也）兌位明堂破震定主吐血之災（如七會四也或有破屋直射或有紅門紅璺犯四巽犯向者即有此应也）風行地而硬直難當室有欺姑之婦（坤宮得四有是应也）數火燒天而張牙相鬬家生罵父之兒（乾宮遇九或九六相逢也）兩局相関

必生孽子（如謙向不合或地形不正點穴及難依地不依水依水不依地兩不合）孤龍單
結定有獨夫（此地無沙無水也單結元辰也）坎宮高塞而耳聾（坎宮有高墩破屋攔阻也）
離位傷殘而目瞎（離方有破屋高墩填塞也或現宅房門對灶或九向上有碍地離為目犯目病）
兌缺陷而脣亡齒寒（此因形之斷也）艮破碎而筋枯臂折
（艮方有曲曲水斜尖破碎也）山地被風吹還生風疾（坤艮有犯無情之形再犯文曲水也）
雷風因金死定被刀傷（如三四七之星交會也約犯妯）家有少亡只為
冲殘子息卦（如八直四也或冲破漏神也）庭無耆老都應攻破父母
爻（都是乾坤兩卦受尅也）漏道在坎宮遺精泄血（坎宮有河冲破也）破軍
居巽位顛病風狂（如七四相逢也或巽有犯七赤或有破碎之屋在巽宮亦作破軍也）開
口筆插於離方必落孫山之外（離方有毀塔或有破亭子類或有反旗竿鐘樓即破軍也）離
鄉砂飛於艮位定亡驛路之中（左右兩傍有反弓之砂也水口如此）金水

多情貪花戀酒。無論陰陽兩宅。有圖河濡。金形生鳥照耀專有此豁木金相反背義亡恩。地形雖結金体。有朝水直木不吉也。震庚會局。文臣而兼武將之權。左有旗竿沙右有圖金墩。向結羅星佈。要在水中者即金印也。所謂左旗右鼓成大地也。丁丙朝乾。貴客而有耆耋之壽。離方有寶塔尖峯者即是也。天市合丙坤富堪敵國。即艮坤有丙火相生也。離壬會子癸。喜產多男。即丙壬癸丁子午之類是也。四生有合文人旺。四旺無冲田宅饒。總要取相生相合不可冲破穴場為妙。丑未換局而出僧尼。震巽失宮而生賊丐。此失元之玄也。南離北坎位極中天。即有水火既濟之功也。長庚啟明交戰四國。即三七疊臨自有交戰之心也。健而動動非佳兆。止而淨靜罔不宜。凶水宜淨吉水可動。富比陶制尅是堆金積玉。即六八金局也。貴並王謝總緣喬木扶疎。即四一同宮也。辛比庚而辛更精神。甲附乙而甲益靈秀。立辛向甲向為是也。

癸為元龍壬號紫氣日盛各有攸司丙臨文曲丁近傷官人財因之耗乏見祿存瘟疸必發遇文曲蕩子無歸值廉貞而火災頻見逢破軍身體多虧四墓非吉陽土陰土貴剪裁四生非凶卦內卦外由我取要知禍福因由妙在天心素篇冬園子曰此篇初學津梁學者須細悟之其山自有一番妙境總不離乎體用兩全也大凡安坟立宅須得中和之氣察其衰旺盛衰方可以開山立向自無悞人之過也

陽宅秘訣

如坎宅屬水忌火土是五間八間二間九間喜一間三四間六七間也或一宅五進為宅尅局不吉或三進六

進則吉。算法即將元運某星入中佈九宮得一。三。四。六。七。方宜安床。若二黑方安床。主多病。五主耗則少丁。若病多蠱脹。八主小口難養。多生外症。再將年星入中。若遇反吟伏吟。斷其吉凶無差矣。坎宅在洛書屬水。忌火土。火土即二五八九。進數亦忌。假如第一進屬水。二土。三木。四木。五土。餘倣此。一。二。三。四。五。間數同前。算將運星入中佈九宮如一進。五間。從左首第一間起一白。第二間二黑。坤三震。四巽。五黃土。再將流年入中。又如下元七赤甲子。即將七赤如於左首。第一間。第二間八白。餘倣此。○假使看陽宅。以中宮星辰為主。辨其生尅制化之理。如我字者。即中宮星辰也。如飛星尅我者為煞

我尅者為財生我者為洩星生宮者亦洩宮生星者為旺宮尅星者為煞星尅宮者為財依此推斷決無謬悞如四一同宮准發科名之顯

註一白是官星四綠是文昌如坎宅一白入中宮流年遇四綠到中宮或坎宅艮方是四綠流年遇一白到艮又如巽宅四綠入中宮流年逢一白到中宮或巽宅坤方是一白流年遇四綠到坤之類或向有一白流年四綠到向上亦依此斷

九七共遇常逢四綠之殃九紫是後天火星七赤是先天火數故主火災二五交加而損主亦且重病二黑是病符星五黃是廉貞星故主死病經曰五星孕婦受災黃遇星時出寡婦二主宅母多病黑逢黃至出鰥夫家有孤寡

三七疊臨而刼盜更見官刑（三碧是蚩尤星七赤是破軍星故主盜訟）九紫雖云喜氣，然六會九而長房血症；七九之會尤凶（火剋金也）。四綠固是文昌，然八值四而小口殞損；二四之逢更惡（木剋土也）。八逢紫曜，須知婚喜重來；六過輔星，可以尊榮顯貴。次求嗣續，惟在生神，如紫白至論帑藏，尤宜旺氣在飛星。是故二黑入乾，逢八白而財源大進，遇九紫而螽斯蟄蟄（此指坎宅乾方或乾宅中宮言之）。三碧臨庚，會一白（庚即兌也）則丁口頻添，交二黑則青蚨闐（此指坎宅兌方或兌宅中宮言之）。卦於乾位屬金，九星則二黑為土（此號星、宮之吉），入三層則木來剋土，而財少；入兌局則星列生宮而人興，再逢九紫臨火生之年，斯為得運，而丁財並茂，兼主科名（此指坎宅言之，餘倣此）。

埋

圖於四間屬金洛書則四綠屬木此乃圖尅書之象入兑右則文昌破體而出孤入坤局則土重埋金而出寡若以一層居坎震之鄉始為得氣而科甲傳名亦增丁口此指間數言之層數做此

若夫煞旺當求印旺印位者生我之位也九星生處宜尋制煞煞位者尅我之位也不如化煞局山旺地施工如兑宅七赤入中宮遇其年九紫到中宮為煞則修動八白所到之方是為洩土以生金或修動六白之方以助七赤之旺是謂旺地施工餘做此推而行之一宅可通八宅神而明之九星專用一星按

觀此篇紫白九星取輪年飛到者以與坐家九星較生尅非此六十年如挨一星之死法也況陽宅係生者所居得失最速斧斤一動吉凶隨之宅尅命敗絕命尅宅

亦凶如坎宅土命人居之出瘟癀病所以宅與命之意也

得益錄

蓋安坟立向須得向上之星得生旺為要故曰向首一星災福柄去來二口死生門（向上須得有水無水不作為凶或有水聚者或見水光者或合上又水者此謂之玄關又謂之城門此處不可不以令星制之故地之吉凶全在此分之）

生入尅入生出尅出以中宮向上來口去口論之（大約揆生旺之氣到向水上謂之生入揆衰死之氣到向水即謂之尅出出字當作入字看）

書曰生入尅入名為旺子孫高官盡富貴生出尅出名為退兒孫孤寡受敎戧（飛星出入宮者為生飛星尅入宮者為尅）山向乃穴之主腦吉凶從此而出零正自局之玄機陰陽從此而起

以正神裝在向上為生入以零神裝在水上為尅入上元之正神即下元之零神下元之正神即上元之零神零正無定隨寸運，行而元降者也蓋以卦內生旺之位為正神以正卦衰敗之位為零神陰陽交媾全在零正二字

當元者為旺未來者為生方去者為衰過去已久者為死陽水陰山相配合者將生旺之氣裝在水上衰死之氣挨在山上總在作者互相關涉品配為用水得陽山得陰山得陽水得陰此真配合也即山上龍神在山水裡龍神在水此謂陰山陽水雌雄配合着眼也

此消長之陰陽非年支卦爻之陰陽也陰陽即來者為陽去者為陰此陰陽是氣運都天大卦總陰陽翫水觀山有主張能知山情與水意配合方可論

陰陽主張即天心正運之一卦山情水意即山水各得其宜配合即天心自北之配合言雌雄配合也

假使山上星辰與水裡龍神一九二八三七四六會合也或一六二七三八四九亦可從此論其得失東西即山水父母即玄空三般卦即一元三卦山得此三卦水得此三卦自然合局

水法渙散迷茫之處五星混雜出脈未見分明槩名之曰破軍而不入龍格只取龍神一路出身之脈其脈又分水土金三星合貪巨武三吉三星者乃形局之星非卦爻之方位貪巨武也指龍為主向為客主客又云夫婦實指陰陽之对得山水之交媾牝牡相通皆在此城門一訣與龍身出脈正是一家骨肉山情水意即是城門一訣以作收山出煞之用即謂龍到頭是也

竅

龍到頭飛來龍之龍即挨出零星到向也 三义水亦是城門即察血脈以認來龍也知三义之在何方則知來龍之屬何脈山上龍神以山為龍者也專以山上之陰陽五行推順逆死生水裡龍神專以水之陰陽五行推順逆生死〇衆水雖聚一水發機發機之所與衆獨異徵茫渺忽太極之基此是玄竅名為化氣雌雄對待水土分形垙收灣曲正處是金直而尖破死氣須明龍之衰旺先看城門予觀衆白原本取九星相宅煞旺當求即旺九星生處宜尋四語則亦為修方而設非為相宅而設其言頗為近理因撮其要也

傳訣不傳法傳法 即傳書李惠清抄本

五六

[illegible]

周易揭要

右第七章

乾為馬　坤為牛　震為龍　巽為雞

坎為豕　離為雉　艮為狗　兑為羊

遠取諸物如此

占筮類			
1	擲地金聲搜精秘訣	心一堂編	沈氏研易樓藏稀見易占秘鈔本
2	卜易拆字秘傳百日通	心一堂編	
3	易占陽宅六十四卦秘斷	心一堂編	火珠林占陽宅風水秘鈔本
星命類			
4	斗數宣微	【民國】王裁珊	民初最重要斗數著述之一；未刪改本
5	斗數觀測錄	【民國】王裁珊	失傳民初斗數重要著作
6	《地星會源》《斗數綱要》合刊	心一堂編	失傳的第三種飛星斗數
7	《斗數秘鈔》《紫微斗數之捷徑》合刊	心一堂編	珍稀「紫微斗數」舊鈔
8	斗數演例	心一堂編	秘本
9	紫微斗數全書（清初刻原本）	題【宋】陳希夷	斗數全書本來面目；有別於錯誤極多的坊本
10-12	鐵板神數（清刻足本）——附秘鈔密碼表	題【宋】邵雍	無錯漏原版 秘鈔密碼表 首次公開！
13-15	蠢子數纏度	題【宋】邵雍	蠢子數連密碼表 打破數百年秘傳 首次公開！
16-19	皇極數	題【宋】邵雍	清鈔孤本附起例及完整密碼表 研究神數必讀！
20-21	邵夫子先天神數	題【宋】邵雍	附手鈔密碼表 研究神數必讀！
22	八刻分經定數（密碼表）	題【宋】邵雍	皇極數另一版本；附手鈔密碼表
23	新命理探原	【民國】袁樹珊	子平命理必讀教科書！
24-25	袁氏命譜	【民國】袁樹珊	
26	韋氏命學講義	【民國】韋千里	民初二大命理家南袁北韋
27	千里命稿	【民國】韋千里	
28	精選命理約言	【民國】韋千里	北韋之命理經典
29	滴天髓闡微——附李雨田命理初學捷徑	【民國】袁樹珊、李雨田	命理經典未刪改足本
30	段氏白話命學綱要	【民國】段方	民初命理經典最淺白易懂
31	命理用神精華	【民國】王心田	學命理者之寶鏡

62	地理辨正補註　附 元空秘旨　天元五歌　玄空精髓　心法秘訣等數種合刊	【民國】胡仲言	貫通易理、巒頭、三元、三合、天星、中醫
63	地理辨正自解	【清】李思白	公開玄空家「分率尺、工部尺、量天尺」之秘
64	許氏地理辨正釋義	【民國】許錦灝	民國易學名家黃元炳力薦
65	地理辨正天玉經內傳要訣圖解	【清】程懷榮	秘訣一語道破，圖文并茂
66	謝氏地理書	【民國】謝復	玄空體用兼備、深入淺出
67	論山水元運易理斷驗、三元氣運說附紫白訣等五種合刊	【宋】吳景鸞等	失傳古本《玄空秘旨》《紫白訣》
68	星卦奧義圖訣	【清】施安仁	三元玄空門內秘笈　清鈔孤本 過去均為必須守秘不能公開秘密 與今天流行飛星法不同
69	三元地學秘傳	【清】何文源	
70	三元玄空挨星四十八局圖說	心一堂編	
71	三元挨星秘訣仙傳	心一堂編	
72	三元地理正傳	心一堂編	
73	三元天心正運	心一堂編	
74	元空紫白陽宅秘旨	心一堂編	
75	玄空挨星秘圖　附 堪輿指迷	心一堂編	
76	姚氏地理辨正圖說　附 地理九星并挨星真訣全圖　秘傳河圖精義等數種合刊	【清】姚文田等	蓮池心法　玄空六法 門內秘鈔本首次公開
77	元空法鑑批點本——附 法鑑口授訣要、秘傳玄空三鑑奧義匯鈔　合刊	【清】曾懷玉等	
78	元空法鑑心法	【清】曾懷玉等	
79	曾懷玉增批蔣徒傳天玉經補註【新修訂版原（彩）色本】	【清】項木林、曾懷玉	
80	地理學新義	【民國】俞仁宇撰	揭開連城派風水之秘
81	地理辨正揭隱（足本）　附連城派秘鈔口訣	【民國】王邈達	
82	趙連城傳地理秘訣附雪庵和尚字字金	【明】趙連城	
83	趙連城秘傳楊公地理真訣	【明】趙連城	
84	地理法門全書	仗溪子、芝罘子	巒頭風水，內容簡核、深入淺出
85	地理方外別傳	【清】熙齋上人	巒頭形勢、「望氣」「鑑神」
86	地理輯要	【清】余鵬	集地理經典之精要
87	地理秘珍	【清】錫九氏	巒頭、三合天星，圖文並茂
88	《羅經舉要》附《附三合天機秘訣》	【清】賈長吉	清鈔孤本羅經、三合訣法圖解
89-90	嚴陵張九儀增釋地理琢玉斧巒	【清】張九儀	清初三合風水名家張九儀經典清刻原本！

91	地學形勢摘要	心一堂編	形家秘鈔珍本
92	《平洋地理入門》《巒頭圖解》合刊	【清】盧崇台	平洋水法、形家秘本
93	《鑒水極玄經》《秘授水法》合刊	【唐】司馬頭陀、【清】鮑湘襟	千古之秘，不可妄傳匪人
94	平洋地理闡秘	心一堂編	雲間三元平洋形法秘鈔珍本
95	地經圖說	【清】余九皋	形勢理氣、精繪圖文
96	司馬頭陀地鉗	【唐】司馬頭陀	流傳極稀《地鉗》
97	欽天監地理醒世切要辨論	【清】欽天監	公開清代皇室御用風水真本
三式類			
98－99	大六壬尋源二種	【清】張純照	六壬入門、占課指南
100	六壬教科六壬鑰	【民國】蔣問天	由淺入深，首尾悉備
101	壬課總訣	心一堂編	過去術家不外傳的珍稀六壬術秘鈔本
102	六壬秘斷	心一堂編	
103	大六壬類闡	心一堂編	
104	六壬秘笈——韋千里占卜講義	【民國】韋千里	六壬入門必備
105	壬學述古	【民國】曹仁麟	依法占之，「無不神驗」
106	奇門揭要	心一堂編	集「法奇門」、「術奇門」精要
107	奇門行軍要略	【清】劉文瀾	條理清晰、簡明易用
108	奇門大宗直旨	劉毗	天下孤本　首次公開
109	奇門三奇干支神應	馮繼明	
110	奇門仙機	題【漢】張子房	虛白廬藏本《秘藏遁甲天機》
111	奇門心法秘纂	題【漢】韓信（淮陰侯）	奇門不傳之秘　應驗如神
112	奇門廬中闡秘	題【三國】諸葛武侯註	
選擇類			
113－114	儀度六壬選日要訣	【清】張九儀	清初三合風水名家張九儀擇日秘傳
115	天元選擇辨正	【清】一園主人	釋蔣大鴻天元選擇法
其他類			
116	述卜筮星相學	【民國】袁樹珊	民初二大命理家南袁北韋
117－120	中國歷代卜人傳	【民國】袁樹珊	南袁之術數經典